回收人生，甘啦！

若山陽一郎 著
黃瓊仙 譯

作者序

日本電視台製作的《Another Sky》是我非常喜歡的電視節目。節目中會介紹讓來賓人生轉變的時空背景，回顧來賓勾勒夢想的原始初衷，造訪來賓的心靈故鄉。透過這個節目讓我有機會認識許多人的人生點滴，每看完一集，內心總是澎湃不已。

「這些報導太棒了！希望哪天我也能上這個節目！」每次收看這個節目時，我都會心中這麼想。但當我告訴朋友這個想法時，卻被朋友吐槽說：「你啊，癡人說夢話，不要做那種不切實際的白日夢吧！」

我想，現在翻到這頁準備開始閱讀的你，應該也跟我朋友有一樣的想法吧（笑）！

因為能被邀請上節目的來賓全是某個領域的成功人士或專家學者，像我這樣年過四十、默默無聞的平凡人，夢想著上這樣的節目，確實很像在做白日夢吧！

在我二十歲左右時，邂逅了《不瘋狂不成功，一個夢想家的冒險實錄》（《毎日が冒険》，大田出版）這本書。作者是高橋步先生。出版這本書時，高橋先生還是個默默無名的人，這本書是他的自傳。

與我同世代的無名年輕人行動力充沛，在他不顧一切、勇往前衝的過程中，人生道路因而開拓了，最後他完成夢想。

看完這本書給了我莫大的衝擊。一位完全稱不上是名人的年輕小伙子，竟然過著如此美妙激昂的人生，我渴慕嚮往。

對我來說，高橋先生這本書就像聖經般珍貴，迄今我依舊珍惜保存。

我想擁有他那樣的人生。於是，我迫切思考一事無成的我能做些什麼。也盼望著，或許哪一天能有機會出版一本對他人產生正面影響的書籍。

當然，那時候的我還是懵懵懂懂，夢想也稱不上是夢想。

在歷經無數次的偶然（現在想想，或許也可以說這些偶然是必然會發生的），在三十二歲時，我有了與 CoCo 壹番屋創辦人宗次德二先生見面的機會。他對我說：「你的人生就是一本書。」才讓我那模糊的夢想終於有了些微的雛型。

爾後，只要一有機會，我就會跟周遭朋友或同事分享我的夢想。結果，很幸運地有人介紹作家朋友讓我認識，作家把我的故事當成題材寫在他的書中，還有人邀請我去演講講述我的故事。出書不再是遙不可及的夢想，變成我的人生目標。接著如你們所見，我終於實現目標，現在正在寫著這本書的序言。

「只要懷抱著夢想，總有一天夢想會變成人生目標，最後終能實現。」一路走來，我就是抱持著這樣的信念。

我原本就是好奇心旺盛的人，歷經過各式各樣大大小小的挑戰。當然也失敗過很多次。不曉得有多少次夢想破滅、陷於困境中。也曾有過放棄夢想、轉身離開時獲得短暫的成功，卻又馬上陷入谷底的經驗。

在這樣的過程中，很幸運地我認識了許多人，也做了許多事情，學習眾多事物並且獲益匪淺。

因為有同儕及前輩的忠告與扶持，我才能朝下一步邁進。

我曾有過可以說是人生大轉機的奇妙體驗。

在環遊世界的旅途中，我在希臘的聖托里尼島，遇見了上天賜給我神一般的啟示和超越人力所及的奇蹟。

在準備出發旅行前，一位靈媒老師送給我一段預言：在聖托里尼島邂逅了一位女性，告訴我關於「愛」的真義，讓我明白愛不是只限於男女之間的情愛，人與人之間的溝通，與事物的連結，都是一種愛的表現，因此讓我的人生有了巨大轉變。

我想透過這本書向大家傳達，我從起伏跌宕的人生中學到的，人人都能獲得好運的方法。

那麼，在此先簡單介紹我是個什麼樣的人吧！

我是日本岐阜縣人，十五歲時開始跳街舞。高中時參加名古屋舞蹈比賽獲得第一名。二十一歲時來到東京，成為TRF（日本知名樂團，由小室哲哉一手打造）的伴舞者。

可是，在我認識某位經營創辦人後，我不再跳舞，轉向商業界發展，這時候的我是二十三歲。

後來在二十八歲時，我進入廢棄物回收公司工作，工作一個月後，我的業績達到全公司第一。接下來我獨立創業，與朋友合創的廢棄物回收公司——和愛集團株式會社是一間充滿年輕活力與誠心的企業，我們以真誠的服務精神贏得顧客青睞，在網路調查排行榜中，獲得「口碑滿意度」、「員工待客滿意度」、「價格滿意度」三冠王的榮譽，現在則被評比為日本第一名的便利屋集團（除了廢棄物回收之外，和愛集團旗下公司還提供廢棄物收購、生前整理、遺物整理……等多元業務項目）。

三十二歲時，我開始一個人環遊世界之旅，三個月遊歷十五個國家。後來因某次慈善活動，造訪柬埔寨，當地孩童們閃爍晶亮的雙眸深深打動我的心，我決定支援孤兒院，在 Kuchau 村蓋學校。

而在愛知縣小牧市偏僻郊區成立的新世代回收商店「BANUL」，因其全新型態，很幸運地成為人氣話題店舖，湧進來自全國各地的民眾。

因為這些人生經驗，讓我陸陸續續接收到許多演講邀約。除了在企業、校園舉辦講座，基於某位女性友人來找我諮商的經驗，決定專為女性朋友成立「旺夫講座」，五年裡接到多達兩百次的開課委託，竟成為學員超過兩千名的人氣講座。

在二十歲左右立志成為舞者，擔任TRF伴舞員的我，為什麼會人生大轉彎，後來從事廢棄物回收呢？

請各位一起來聽聽這段精采的轉折故事，並希望你們能從中獲得一些力量。

目次

Phase 1　不後悔，朝著想要的目標前進　17

Phase 2

Phase 3

坦誠面對自我，決定前進方向 109

Phase 4

創業精神，就是勇往直前 155

序章／聖托里尼島的奇蹟

三十二歲那年，我展開了一個人的環遊世界之旅。

希臘是我造訪的第八個國家。我的足跡來到了浮現於愛琴海上的美麗島嶼——聖托里尼島，並在此經歷了一段奇妙的體驗。而且，當地某位女性友人向我傳達的訊息，讓我往後的人生產生一百八十度的大轉變。

身邊有人建議我，要趁年輕時去看看這個世界，但因為當時尚有工作在身，到底該不該安排這場世界之旅，著實困擾我許久，一直舉棋不定。

因為拿捏不定，因此我決定去找經常諮商的靈媒老師。

聽了我的煩惱之後，老師告訴我：「馬上去環遊世界。環遊世界會立刻解決你現在的煩惱，你什麼都不用擔心。」

然後，好像有什麼東西控制著老師的手腕，她的手開始動起來，迅速在紙上描繪不曉得是哪個地方的風景畫。

她把畫拿給我看，靜靜地對我說：「你將會在旅途中邂逅這樣的景色。到時候應該會有一位年紀比你大的女性送給你重要的人生啟示。」

老師這番話對我而言像是一劑強心針，我想：「好吧，我就去環遊世界之旅吧！」我一邊在想會是什麼樣的重要啟示，一邊打包行李，將那幅畫放進後背包裡，可是在旅行途中，我幾乎忘了這幅畫的存在。

第一個造訪的國家是斯里蘭卡。然後從杜拜飛往埃及。遊遍歐洲各國，在希臘雅典停留了三個夜晚。之後搭船來到藍色愛琴海和白色房屋所組成、藍白鮮明對比的美麗聖托里尼島。

只要抵達一個國家，我會透過SNS獲取來自當地民眾提供的觀光景點或危險資訊等情報。在雅典時，有一位名叫艾菲（Effie）的女性傳了詳細的資訊給我。而在我抵達聖托里尼島的第二天，才跟我在雅典道別的她，竟特地搭飛機來聖托里尼島找我。

我們沿著海岸邊走邊聊，走著走著兩個人很有默契地就地坐了下來。眼前是一片一覽無遺的美麗景色。碧藍海水。對面有相連的兩座島。剛好有船隻在前方滑行。我跟艾菲女士望著眼前景象。

咦，怎麼有種似曾相識的感覺……

難道是！我趕緊翻找我的背包，取出那幅畫。

當下整個人起雞皮疙瘩。對比之下，這幅畫中的景色跟眼前景色幾乎一模一樣。石磚路邊有兩個人。莫非這兩個人就是艾菲女士跟我？

海中有船，連對面的景象也一樣。

對面有兩座島。兩座島的重疊方向都跟畫中一樣。

難道真如靈媒老師所言，我會從這位女性口中獲得重要的人生啟示嗎？

而當我把出發前老師那番話告知艾菲女士時，她一直默默地點頭。

聽完我的話，她對我說：「原來是這麼一回事。我自己也終於明白了。起初我也是覺得莫名其妙，剛剛聽你一說我就懂了。其實昨晨我醒來時，神給了我到聖托里尼島的啟示。還說去了就會知道是怎麼一回事。」

Phase 1

不後悔，朝著想要的目標前進

1 夢想破碎／生病送給我的禮物之一

我是在岐阜縣各務原市出生、長大。那是一個保存著豐富自然資源的寧靜城鎮。

在我念小學時，我滿腦子想的只有足球。日夜都與足球為伍。

因為哥哥是小學足球隊隊員，理所當然地我也愛上足球。一接觸足球，就讓我愛不釋手，不論到哪裡都是踢著足球走路。

我在心裡立下志願，長大後要成為職業足球選手。因為職業足球選手很受女生歡迎，我一直夢想著光明的未來，不，應該說我深信一定會這樣。

我就讀的小學擁有實力堅強的足球隊，曾獲得岐阜縣縣運會冠軍。還曾經參加東海四縣（靜岡縣、愛知縣、三重縣、岐阜縣）的足球大賽。靜岡縣擁有職業足球隊，若以全國角度來看，靜岡縣足球運動相當風行，而且實力堅強。在這個特別的靜岡縣，其足球水準足以跟國家隊比擬。

選手當然幾乎都是小六的學生。當我升上小四時，我也曾以一般隊員的身分出席比賽。

當時還是孩子的我，一心一意夢想成為職業足球選手，雖然從實務面來考核可能無法達成，但我就是如此熱衷，在小學時期，不論睡著或醒著，滿腦子都在想著足球。

我想：「如果能夠一直與喜愛的足球為伍，那是件多麼開心的事。因為喜歡，所以開心，那麼一直踢足球，就能一直開心。」

當時我整顆心被足球佔據，**未曾有二心**。

有一天，學校安排了例行健康檢查，其中一項檢查項目是尿液檢查。報告出來後，我被告知有血尿，並希望我馬上到醫院做詳細檢查。

家母和我緊張地到了醫院，立刻辦理進一步檢查。結果是我罹患了腎臟病。

隨即被安排住院，而這一住就是六個月。

在這之前，我是一個充滿活力，繞著操場跑的健壯小孩。但住院期間每天打針，更因為被禁止攝取鹽分，每日三餐變得食不知味。不僅不能運動，還必須保持靜臥。

每天就在病床上度過。無法上學，辦理暫時轉學，參加醫院的同年級課程，變成院內學習。

許多事情不能做，但是腦子卻停不了思考，想了許多事。

不能吃媽媽做的我最愛的咖哩飯，也無法自由外出，更不能跟朋友到處玩，不可以每天泡澡，想當職業足球選手的夢想更是徹底毀滅。

我感覺我的未來一片黑暗。不能跟朋友做相同的事，什麼事都不能做，連一點小事都辦不了。

每當想到這裡，就覺得自己很孤單，心情相當低落、沮喪。現在想起來，那應該是一種「疏離感」。

我變得沒有自信，覺得自己的人生毫無意義。

我住在名古屋的醫院，就是家父當藥劑師工作的醫院，所以家父每天會利用工作空檔來探望我。這時候真的很慶幸有父親的陪伴。家母則是每天花一個小時的車程，從岐阜來看我。看到母親的笑容讓住院時光不那麼煩躁。家母聽說吃西瓜對腎臟好，經常提著沉重的西瓜來醫院。

因為雙親的細心照料，我慢慢習慣住院生活。

同學也常來看我，也經常寫信給我。我也在醫院裡的班級結交新朋友，所以並不覺得寂寞。

可是，出院以後，讓我重新面對現實，原來我跟朋友們是不一樣的。

我不能跟大家一起享用相同的餐點，體育課只能坐在一旁觀摩學習。明明以前不管到哪裡，都是一路踢著足球前往……

想成為職業足球選手的夢想徹底粉碎，甚至沒心情去思考新的夢想，每天就是得過且過，完全沒有自信。

我是在小四的秋天出院，剩下的小學生活就如上所述地日復一日。

經過這場病，我才知道世上沒有所謂絕對會怎樣的事。日常生活中的每件小事都很重要，讓我學習到珍惜與憐憫。我現在敢說，這些體悟就是「生病送給我的禮物」。

2 不良少年與羽毛球／生病送給我的禮物之二

時間慢慢流去，我升上國中了。

因疾病被限制的鹽分攝取及運動，終於鬆綁，可以攝取少量鹽分，也可以做點輕量運動。可是，像籃球之類的激烈運動還是無法參與。

我將會度過什麼樣的國中生涯？對我而言，開心的國中生活該是何種樣貌？

我試著自己去思考這些問題。

我不想當一個放學後就乖乖回家、任何社團都沒參加的宅男。可是，我總覺得文青風格的社團並不適合自己。雖然這麼說，但我當時還是禁止運動期間。

於是，我幾乎想破頭殼，就是在想該如何讓自己擁有一段充實的國中生涯。

當時的國中有小混混存在。

大家知道什麼是小混混吧？小混混就是所謂的不良少年，頂著飛機頭，把頭髮染成紅色或綠色，制服的長褲又寬又長……大家印象中的小混混就是這個模樣吧？

不論如何，我都想避免成為這些可怕學長們的欺凌目標。

我試著去運動類的社團探探情況。我雖然不能運動，但總有屬於我的容身之處吧？結果我找到了羽球社。

男子羽球社幾乎沒有舉辦任何活動。而且環境相當凌亂。因為羽球社根本就是小混混前輩們的聚會所。不過，名義上還是屬於運動類的社團。

我大膽地加入了羽球社。理由我早就想好了！第一，如果我能跟小混混學長相處融洽，就能擁有無所畏懼的安穩國中生活；第二，羽球社雖是運動類社團，但是卻沒有在運動。

不過，我並不想成為小混混，也不想染上絲毫小混混的氣息。我沒有那樣的膽識。

接下來的問題是，我該如何討小混混學長的歡心？

不管學長說什麼，不要表現出不悅的表情，乖乖照做就對。

當學長叫我拿東西給他時，我要以超乎預想的速度，迅速將東西拿到他面前。

因為如果一開始就表現出不悅的態度，反而會激發學長們想捉弄你的意念，會對你做出更過分的舉動。

不僅要對學長言聽計從，還要運用想像力，事先設想學長們的所求。

我要搶先說笑話給學長聽，取悅他們。

不一定要說多麼稀奇的事。一件小事也可以。學長就會笑著對我說：「你啊，真是笨蛋。」

小混混也是有著一顆溫柔心的普通人啊！

我真正的目的是希望能贏得學長們的疼愛，每天都過得開心。

我也因為真的加入了這個空有名分的羽球社，讓我慢慢地重拾自信心。同時，疾病的限制也慢慢鬆綁，在小混混學長畢業的時候，我開始挑戰練習羽球。

我跟當時結識的好友組成雙人組，參加國二那年夏天舉辦的市運動大會。結果，默默無名的我竟拿了亞軍。

老師看到我的成績大感驚訝，翌日就跑來找我，熱情邀請我：「你想不想正式加入練習？」

出社會以後，在工作上遇到許多前輩。從他們身上獲益良多，大家也很關照我。也有很多是忘年之交。

身邊人看我不會怕這些前輩，而且還深得其緣，都覺得很不可思議。

而且，我從未惹怒任何一個人。就算是非常嚴厲的前輩，也從未對我生氣過。

為什麼我能做到這樣？

我只是順其自然而已。或者說我是在不知不覺當中，培養了良好的溝通能力。

重點有三——「不要被對方討厭」、「要超前部署為對方設想」、「甘心被罵笨」。

為了讓自己過得開心安適，我所想到的與小混混學長們相處的方式，成為我人生強大的戰力。

這也是「生病送給我的另一個禮物」。

3 貫徹自我意志／與舞為伴的每一天之一

這是國三那年秋天的事。

每週我都會看電視節目《天才北野武的元氣滿滿TV》。這個節目的播出時間是一九八五年至一九九六年的每週日晚上八點，算是北野武先生所主持的節目中相當受歡迎的一個。

節目中有一個「舞蹈甲子園」單元，也就是舞蹈比賽單元，參賽者資格限制為高中生，出賽的高中生要穿學校的制服。有雙人組，也可以組團參賽。

我不曉得該如何表達我看到這個單元時的心情，有一股電流竄流全身也許能貼近我當時的心情。不，應該說是有支箭貫穿我的心那樣驚心動魄的感覺。

沒有性別限制，參賽者有大都市的高中生，也有來自無名鄉鎮的高中生。大家都穿著水手服或制服熱舞著。

一九九三年時，我身邊沒有熱衷舞蹈的朋友。

當音樂一響起，聊天時感覺不怎麼樣的高中生一跨出舞步，就像變了個人，整個人變得超帥氣，酷斃了！以為他要張腿坐著，竟然馬上起身，開始舞動。每個人動作一致，還有後空翻。

旁邊一群女生觀眾開始止不住的尖叫聲。

我整顆心被緊緊抓住，當下就決定舞蹈是我的未來之路。

當時朋友都在迷樂團。不是學電吉他，就是學打鼓，如果我學沒有人著迷的舞蹈，說不定會很受女生歡迎？當時想走舞蹈這條路，確實也帶著這份私心。

當我試探身邊朋友意願，問他們要不要學跳舞，大家都一口回絕，覺得跳舞很土。雖然懊悔，對於朋友的回應，我也只能保持沉默。因為那時的我對舞蹈根本一無所知。

不過，單憑喜歡的這個意念，我開始有所行動。

還有一個理由，我認為當舞者似乎會比當足球選手更受歡迎。

我一開始根本不曉得該如何練習，只是每天在家看著錄下來的「舞蹈甲子園」影片，跟著螢幕中的參賽者練習。爸媽看我這樣不務正業，每天總少不了一頓碎念。就算大家都反對我，但我想走舞蹈這條路的心意絕對不會改變！因為在我腎臟病痊癒時，我就決定，只要找到自己的夢想，一定會全力以赴圓夢。

升上高中後，對舞蹈的熱情更升級。

在一九九〇年代，情報蒐集來源不是電視就是雜誌。當我得知有舞者會聚集在名古屋電視塔或若宮大通公園練習的消息，某天週末我就從岐阜轉搭電車，搭了一小時的車到現場察看。

真的有幾個團體各自播放音樂練習。有的是隊友互相確認舞步，有的在練習新舞步，也有人是個別練習。

我不認識他們，只能躲在柱子後面觀看。

但僅僅只是觀看就覺得很開心。真的太厲害了！真的很酷！

我大受感動，看著那些打扮時髦的舞者隨著大分貝的音樂聲舞動，真的看呆了。

只是這樣盯著看我已感到十分滿足。

後來持續好幾個週末，我都來這裡觀摩舞蹈表演。

突然我察覺到一件事，只是這樣躲在一旁觀看，夢想永遠無法實現。

不，雖然如此認為，但我確實也沒有勇氣跟那些看起來有點可怕的舞者們問候一聲。

某日，我下定決心，找當中看起來最和藹可親的一位大哥哥問話。

「不好意思，如果可以的話，可以讓我跟您一起跳舞嗎？」

當下我完全慌了。因為太緊張說錯話了。我想說的是：「請您教我跳舞，好嗎？」

可是，那位大哥哥聽完後笑著對我說，我可以加入他們。然後那一天他就分配給我負責按卡帶播放鍵的工作。當時大家都是用卡帶播放音樂。

雖然我只是負責播放音樂，卻高興無比，那一天心情飛揚地踏上歸途，回到家後還一直回想當天的事，邊回想邊翻閱舞蹈雜誌，結果，我嚇呆了。

那一天答應讓我加入團隊的大哥哥竟然刊登在雜誌上！原來他是各地方舞蹈比賽的常勝軍、超級高中生舞者——KENJI先生！

十年後，KENJI先生以PINOCCHIO的團體參加在法國舉辦的世界冠軍舞蹈比賽「JUSTE DEBOUT」，並拿下冠軍。

一直以來我都是一個人孤單在家練習舞蹈，如今終於抓到舞者的衣角，可以融入他們，開心的日子就這樣開始了。

KENJI 先生有時候會邀我參加活動，也帶我去俱樂部。還介紹出現在電視或雜誌的人物給我認識。

我的新舞友愈來愈多，也和相熟的同伴組成舞蹈團體。很偶然地，我的其中一名隊友竟然是 KENJI 先生隊友的弟弟。

每個週末我會去名古屋跟同伴練舞。平日就是一個人練習。

那時候滿腦子想的都是跳舞的事。就像小學時不管走到哪兒都在踢足球一樣，這時候經常想著跳舞的事，還邊走邊跳舞。

高二那年冬天，我跟舞團的朋友決定參加比賽。首戰是 Dance Dynamite 的名古屋冠軍選拔賽。參加預賽的隊伍共有六十隊，主辦方會準備一個大舞台，預賽會選出八隊優勝者，決賽是在夏天舉行。名古屋迄今還是會舉辦這場比賽，是名古屋地區最知名的舞蹈比賽活動。

我的團隊在那場預賽中勝出。這是第一次有高中生贏得預賽。接下來就如奇蹟般，我們在決賽時贏得特別獎。

因為獲獎，我的團隊成為名古屋的熱門話題，許多活動邀請我們當嘉賓，還接受雜誌採訪，上電視表演。

參加預賽時，我邀請幾位同鄉朋友來參觀。這些人全是以前對我說「跳舞很土」、拒絕跟我一起學舞的朋友。其實，自從他們拒絕我，約有三年時間我是瞞著他們偷偷在練舞。之所以要瞞著他們，因為當時我就下定決心，有一天要讓他們對我刮目相看。

因此，當他們欣賞了我的表演，又得知拿到特別獎，應該驚訝無比吧？我知道，他們對跳舞這件事徹底改觀了。

對我的態度也不一樣了。

朋友竟然對跳舞產生興趣。每次都帶著五百日圓來到我在故鄉車站前開的舞蹈教室上課。

三年前當我是傻瓜、一味否定我的朋友，變成每週付五百日圓學費，希望我能教他跳舞的學員。

那一瞬間我真心覺得人生奇妙有趣。

被旁人意見所牽制，因而不想改變自己的行為。
後來才知道，原來結果會改變一個人的想法。
從這時候開始，我終於越來越有自信了。

4透過真正的興趣學習人生／與舞為伴的每一天之二

高中畢業，進入二年制名古屋服裝設計專門學校就讀。我自知考不上大學。可是，也不想高中畢業後馬上就業，於是就以「希望每天都能去名古屋」，以及「專門學校比較好畢業」的兩個任性理由，拜託雙親讓我就讀。現在想起來還是覺得很對不起雙親，同時也很感謝他們相信我能出人頭地，而拿錢讓我去註冊入學。

我完全違背父母的心願，為了一圓成為知名舞者的夢想，念專門學校時也是終日跳舞。學服裝設計的事根本被拋在一旁。

專門學校畢業後，不孝的我並沒有從事與服裝設計有關的工作，而是不斷地打工，經常換工作。第一份工作是在蔬果店打工，還當過泳池監視員、手機業務員等各種工作。當然，只要有舞蹈活動，一定是以這件事為優先，理所當然就沒什麼收入，我一直過著飛特族（freeter）的生活。畢竟當時也不是靠跳舞就能賺大錢的時代。

有一段時間我當領隊，率領團隊參賽。

我的目標是訓練出每場比賽都得冠軍的團隊。所以只招攬舞藝佳的人，舞藝差的人就排除在外。從組隊到選曲、舞步設計，全由我一個人包辦。

我的目標就是拿冠軍，專心一意地朝這個目標邁進。

可是，有一天我參加某個活動時，終於明白一件事。

我在欣賞舞蹈秀時，發現舞台上表演的人竟是我的隊友，除了我以外的所有隊友全都開心地在台上跳著舞。而且他們是以我從未聽過的隊名出場表演。

當下我啞然無言，雙腳僵硬。

我無法再待在那裡看表演，立刻跨出步伐，離開現場。

我搞不懂現在是什麼情況。

為什麼我沒有在台上表演？

隊友們為什麼要瞞著我另外組隊參加表演？

不，我懂了。

回想一直以來我的行為，馬上就知道原因是什麼。

當時我一味認為自己才是對的，只有我個人認定贏得比賽是唯一的目標，而且依我個人的偏見來挑選隊友。根本沒有顧慮到其他人的想法。

因為我太剛愎自用，隊友們選擇沉默，並且離開我。

雖然不想傷害人，事實上卻在無意之中傷了別人的心。

你對其他人做過的事，總有一天會回報在你身上。

真是悲哀啊！我汲汲營營最後得到的只有悲傷而已。我終於認知到自己的無知與愚昧。

這是我第一次因人際關係不善而心情低落。

就在同時，我獲悉ＴＲＦ要舉辦伴舞者選拔大賽的消息。

當時ＴＲＦ憑藉小室哲哉的人氣，成為紅遍全國的歌舞團體。雖然我沒自信會被選中，明知不可能，還是想試試看，於是就來到東京。當時也希望能藉此轉換心情。

這場選拔大賽網羅來自全國各地超過兩千名的舞者報名參加。

不知道為何，我竟然奇蹟似地入選。

這當中一定是哪裡搞錯了吧？不對，應該說是我能夠全力以赴、樂在其中，才能創造這樣的好結果吧？

很快地，我接到擔任ＴＲＦ伴舞者的通知。

第一份工作是某大型活動前一夜的預熱演唱會。公司告訴我，如果我沒有參加這場演唱會，就沒有下次的機會了。可是，演唱會日期剛好跟我故鄉舞者朋友的結婚日同一天。而且這位朋友是我在名古屋時，因為我一心想贏得比賽，因理念不合而離開團隊的朋友。

我不知該如何抉擇。

而就在不久前，我才領受到因為不珍惜朋友夥伴們的報應。想到這一次又要背棄朋友，我遲遲不敢做出決定。

我致電給朋友，告訴他我想回絕伴舞者這份工作。

朋友說：「我本來就不打算邀請你參加婚禮，你不用來啦！對了，演唱會表演，要加油喔！」

說完這些話，朋友就掛斷電話。

我們是交往多年的老友，我馬上懂他的心意。他是故意這麼說，希望我不要太在意。

以前，我對他做了過分的事，他卻完全沒記恨。

我流下感動的眼淚。

因為朋友這番話，讓我不再遲疑，決定接下伴舞者的工作。

雖然我只是一名伴舞者，但是演唱會是在眾多觀眾前表演，讓我覺得自己朝夢想更邁出一大步。這場演唱會電視有轉播，站在後面的我也出現在螢幕裡。

我終於能對雙親有所誇耀，也能回到久違的故鄉。

我聽到從客廳傳來家母與親戚阿姨講電話交談的內容。從斷斷續續聽到的內容，讓我不禁也驕傲起來。

再仔細傾聽，家母也為我當上伴舞者、上電視表演的事感到光榮。

她還誇大其辭地說，之前她是多麼反對我去跳舞，早知道當初就不要反對我。

我終於贏得雙親的認同。

覺得身邊人看我的眼神也變溫柔了，因為這樣我好像得到更大助力，變得充滿自信。

雖然當上伴舞者，收入還是不固定，有去表演才有錢賺，所以生活還是無法過得寬裕。

再加上兼職打工的工作會不定期放無薪假，生活越陷困境，日子更難過。

如果不被人認同，就把這分負面能量化為精神食糧，把吃苦當吃補。
暫時遭人否定或批判，不需要膽怯或畏懼。
靠跳舞維生的同時，也學習到重要的啟示。

5 計畫成事時，應該要選擇方法

我一直在思考達成「目標」的方法。

在別人眼裡，我的「目標」可能微不足道，但對我來說，是我絕對要拿到的東西，我會想方設法，一定要達成目標。

一九九五年十一月，世界盃排球賽在日本舉行。當時我念高二，在學校每位同學都在聊排球。

那個年紀的男孩聊的話題不外乎是哪個選手長得很可愛，或是哪位選手實在很強。

我喜歡佐伯美香選手。

當時共有十二國參賽，雖然日本最終獲得第五名，但是佐伯選手固若銅牆的防守和接球技巧在比賽時造成熱門話題，她的身高並不算高，卻常常扣球得分，現在回想，還是會熱情地跟人討論她當時英勇的表現。

佐伯選手是優尼吉可集團排球隊的隊員，世界盃排球賽的翌年在岐阜體育館舉辦V聯賽，她也熱情參與。

她真的是一位很有大將之風的選手。長得也很可愛，我很想與她通信。

可是，我的信能寄到國民女英雄佐伯選手的手中嗎？電視會報導，每天從全國各地寄給她的粉絲信函，多達三輛卡車，佐伯選手會看到我的信的機率根本是零。

我該怎麼做，才能讓佐伯選手看到我的信呢？

我把粉絲信寄給跟佐伯選手交情相當好、經常膩在一起的候補選手。

結果，收到回信了。

是那位候補選手寄給我的信。

我寫了回信，她又寄信來，我們書信往返總共三次。

我在信中自我介紹，告訴她我很熱愛跳舞，還送了跳舞的錄影帶給她。

最後我提起勇氣這麼寫：「對了，我覺得佐伯選手也很棒。如果可以，請幫我向她傳達我支持她的心意。」我把寫給佐伯選手的信放在裡面，一起寄出去。

幾天後，竟然得到佐伯選手本人的親筆信。

我拿去學校給同學看，不用說當然引起一陣騷動。

理所當然我也不會告訴任何人，我是如何拿到佐伯選手的親筆信。

當時我看著喜歡選手的來信，心裡這麼想：「我辦到了！只要不要放棄，道路就會開展。」

不過，後來我也歷經無數的試煉，全都因為有許多貴人相助才得以生存下來。

現在我回想起來，不禁對那時獲得一點小成就便洋洋得意的自己感到羞愧。

我是否誠實對待所有認識的人？
我是否為了達到個人目的，而利用了別人的善意？
這算是只能一笑置之、不可言說的我的往事之一。

6 一盤咖哩飯（上集）

因為我被選為TRF的伴舞，所以在二十一歲時正式來到東京生活。我相信自己未來前途光明，一定能闖出一片天。

可是，那時候的我根本是個窮小子，存款是零，當然也沒有人脈。偶爾寄宿在岐阜青梅竹馬好友位於新宿的單人公寓。後來，就跟同是從名古屋來東京打拚的兩位朋友，一起租了一間公寓。每天三餐就以一袋十七日圓的豆芽菜裹腹。

儘管生活如此匱乏，但只要想到我真的踏在夢想之都東京的土地上，並且在這裡努力生活、奮力打拚，我一點也不覺得灰心喪志。

當時我一直認為，將來一定能成為一名成功的舞者，現在的匱乏和低潮是暫時的，就甘之如飴吧！

我深信夢想絕對會實現。

只是，我漸漸體認到現實的嚴苛，要靠舞者這一行賺錢是困難重重，此時我的生活更加困頓，食住行都考驗著我。房租遲繳、三餐靠百貨公司地下美食街的試吃解決，連搭電車的錢都沒有……

樂貧時期結束了，心中的不安逐漸擴大，我是不是一輩子只能這麼過了？夢想縮得好小，我只剩下自我懷疑。

當時交往的女友從岐阜來探望久未見面的我。看她不辭辛苦特地從故鄉來東京看我，我很想帶她去吃美食。

可是，我把身上所有的錢都湊起來，加起來只有四百日圓。

我與女友並肩走在路上，眼睛一直在尋找可用四百日圓解決一餐的餐館。

路上有吉野家和 CoCo 壹番屋。

該選牛肉蓋飯還是咖哩飯呢？她會喜歡吃哪一個呢？最後我選了咖哩。

我身上有四百日圓，只能點一份豬肉咖哩飯（當時是三百八十日圓）。我的自尊心作祟，這頓飯絕對不能是女朋友請客。

雖然是微不足道的自尊心，但是當時我拚命守住這份微薄的自尊。

女友懂我的心，即使我如此寒酸，她也沒有變臉，臉上總是掛著微笑，看起來很開心的樣子。

「請給我們一份豬肉咖哩飯。我們兩人共用一份……」

我覺得很丟臉，不敢與店員四目交接。萬一店員顯露出「只點一份就好嗎？」的表情，我不曉得該如何面對。

「好的，您點的是豬肉咖哩。待會拿小碗給您。請稍候片刻。」

打工的店員佯裝沒看到我的顧慮，以溫柔親切的笑容接待我。

一份安全感充滿我的心。店員真的很溫馨。對待我的態度跟高消費顧客完全一樣。不，應該說是更好才對。

我明明是無法帶給店家絲毫利潤的顧客，卻還是一視同仁對待我。

因為是兩人分食一盤咖哩飯，肚子當然填不飽，可是心中卻是滿滿的感謝與溫情。當時我就想，一定要告訴 CoCo 壹番屋的上司，我對這位店員的感謝與感念之意。

用餐完畢，我拿了一張擺在桌邊的問卷調查回函卡。將店員充滿溫馨的待客之道詳細敘述，再寫下我的感想，結果一寫就停不了筆，除了講述店員的事，還自我介紹，也寫了我的夢想，整張回函卡密麻麻寫滿了字。

當時一心希望這位店員能得到公司表揚，不知不覺就寫了這麼多。

後來大概過了一個月，收到一封陌生來信，信封上面寫著「咖哩之家 CoCo 壹番屋」。

CoCo壹番屋怎麼會寄信給我？

那時候為了生活，每天都很拚命，根本忘記曾跟女朋友去 CoCo 壹番屋用餐的事。

打開信封抽出信，竟然是社長宗次德二先生（CoCo 壹番屋創辦人）寫給我的親筆信。原來是宗次先生看了我寫的問卷調查回函卡，心有所感，所以寫了這封信給我。

——閱覽您的回函卡後，整個胸口變得熾熱。我也曾經歷生活貧困時期，所以完能體會您的心情。——

密密麻麻信紙的最後，寫了這麼一段話。

——請不要放棄夢想。覺得沮喪難過時，歡迎您再度光顧 CoCo 壹番屋。我們隨時會以熱騰騰的咖哩等待您的到來。——

我收到的不是一封千篇一律格式化的回信，是社長特地寫給我的信。CoCo 壹番屋在日本約有一百甚至兩百家的分店，應該每天都會收到不少的問卷回函。更讓我驚喜的事，信裡還附了三千日圓的餐券。

我不知附餐券的用意為何。

當時我只消費三百八十日圓，而且社長跟我素未謀面，對於這個幾乎不能讓公司賺到錢的顧客，竟然寫了親筆信，還贈送價值三千日圓的餐券？

可是，一想到社長大人親自回信給我打氣，我就感動不已。

我的心因興奮開心而熱烈地跳著。

從那天開始，我超愛 CoCo 壹番屋。或許說我成了 CoCo 壹番屋的頭號忠實粉絲會更貼切。

我很珍惜這份餐券，小心翼翼地使用，也因此吃了好幾盤的咖哩。

現在的話，我完全明白當初宗次先生信中話語的涵義。

我後來創業，在待客之道方面，宗次先生的話語讓我獲益良多。

宗次先生的回信給我最大的啟示就是——CoCo 壹番屋之所以能擁有這麼多的來客數，是因為他們不是只從商業利益角度來擬定經營策略。我體會到宗次先生打從心底想幫助年輕人的心意，這份心意也一直跟隨著我，震撼著我的心。

不過，CoCo壹番屋的故事可不是到此結束，後續發展可說是非常精采。我往後的人生，宗次先生會再度登場。

請參考「一盤咖哩飯（下集）」（102頁）。

7 雖是全國第二名，卻是一敗塗地

來到東京後，為了糊口我開始兼職打工。

當時我留著雷鬼辮子頭，又染成金髮，不可能在餐館或一般門市上班。能夠工作的選項有所受限。

若論哪個工作不會限制髮型、也不需要拋頭露面，電話行銷人員應該是最佳選擇。電話行銷人員的工作就是致電給客人，然後介紹商品或提供的服務內容，勸誘客人購買。

而且，可以依據個人的時間自由排班，對於以伴舞表演工作為優先的我而言，這絕對是最適合我的兼差工作。

我到客戶服務中心時，公司交給我一份客戶明細表、一本客戶應對手冊，並告訴我只要照著內容講就可以。

電話行銷的計酬方式是成交數越多，時薪也會跟著調高。

我想保留更多的練舞時間，特別希望能在短時間內大量成交。

電話行銷人員首先要面對的挫折就是，雖然打了電話，但講沒幾句，客人就掛斷電話。所以首要之務就是要想辦法讓客人不掛電話，且願意聽下去。那麼，該怎麼說，才能讓客人願意把話聽完呢？

於是我想盡各種辦法。譬如改變聲調，或改變說話速度，抑或想像客人就站在你眼前，面帶微笑說話。

我下了許多工夫，不斷揣摩，終於漸漸奏效，客人願意聽我推銷，而且我的業績竟然爬到全公司第二名。這間公司是一家大型通訊公司，全國各地皆設有分店，全國共有兩千名電話行銷人員，而我是全國第二名。

一時之間我好像成了公司的名人，公司流傳著這樣的傳聞：「那個頂著奇怪髮型的男人每個月業績都很輝煌。」

公司派人來觀摩我的工作情況，知道我再製了個人化客戶應對手冊，便把我自製的手冊做成範本，發派給全國分店使用。我後來才知道採用我自製應對手冊並發送給全國各分店行銷人員的部長，就是那位曾參加「舞蹈甲子園」比賽、開啟我舞者生涯的貴人。

電話行銷人員其實是一份極度耗費心神的工作，壓力非常大。常常要承受被拒絕、電話被掛的壓力。被拒絕後，再打給下一位客人，結果又被掛電話。雖然我的業績是全國第二名，但也常常被掛電話，數目多到無法計數。

我之所以會想盡各種能成功的方法、會如此努力追求成功，是因為我懷有更遠大的目標與夢想。

不以外表評斷人，而是以結果來評斷人的電話行銷人員工作，奠定了我的自信基礎。

8 扭轉人生的兩個忠告

雖然我來到東京，努力想以舞者身分闖出一片天，但是我的生活、財務、精神已經到達極限，就要熬不下去了。

在舞者世界，有許多我再努力精進、也永遠追不上的高手，以及擁有良好人脈關係的人。眼看著有這麼多這樣的人，讓我不敢再幻想自己能在這個領域如何發光發熱。

我只能努力想該如何糊今日與明日之口，根本沒有多餘心力去圓舞者之夢。

儘管如此，我更不想就此將我的舞者青春生涯劃上休止符，一事無成地回到故鄉岐阜。

故鄉朋友可能是察覺到我的落魄情況，打電話給我。這位朋友就是當初委婉拒絕我參加他婚禮的那位舞者朋友。

他說：「我要介紹一位傑出人士給你認識，你就回名古屋一趟吧！」

我馬上回絕。

我現在的精神狀態不適合跟任何人見面，就算是多麼棒的人，所謂的成功者也激發不了我的興緻。更慘的是，我連回名古屋的車錢都沒有。

可是，那位朋友卻一再打電話給我，勸我回去一趟。最後我拗不過他，決定回名古屋一趟。

就在盛夏時分，我跟朋友一起去見了那位「傑出人士」。那個人穿著短褲、夾腳涼鞋和一件皺巴巴的T恤。膚色曬得非常黝黑。

當下我心裡不禁起疑，「他是傑出人士？」

當時我認為所謂的「傑出人士」應該要是西裝筆挺，並且以賓士車代步。

後來從談話中，才知道他是多家公司的社長，事業版圖廣大。而且他還是衝浪高手，技術足以與職業選手匹敵，想出國時，可以二話不說馬上出發。
他又告訴我，他年輕時是飆車族，最高學歷（不曉得可不可以公開）是少年感化院（笑）。

我真的被他嚇壞了。同時，突然對眼前這號人物充滿好奇。
當下不曉得為何有這樣的感覺，如果是他，應該能理解我，能夠體會我一路走來的箇中滋味吧？當他聽了我挫折連連、快要挺不下去的人生故事，應該會給我忠告或建議吧？

我把我的故事說給這位衝浪社長聽，還問了他問題。
「我想成功，可是我該怎麼做呢？請您教教我。」
衝浪社長給了我兩個忠告。

「不說謊。」
「不說人壞話。」

當時我聽到這兩句話，心裡有點失望，這也算是忠告嗎？這是大家都明白的道理啊！從小雙親和學校的老師就常這樣教導我，光是這兩句話，不可能成功的。

可是，衝浪社長斬釘截鐵地說：「先試試看三年，這三年你就照這兩句話做。接下來，你的人生一定會有所改變。」

社長說的「不說謊」，除了不對人說謊，還包括不對自己說謊。不，應該這麼說，不對自己說謊更重要。

聽社長這麼說，我想到自己一直以來合理化自己的行為、因為不想看到怠惰的自己、想讓身邊人覺得自己過得好、明明已經不行了卻死不承認……不斷地對自己說謊。

我真的不得不承認，我一直在對自己說謊。

那麼，我有說過別人的壞話嗎？

仔細回想，我發現我曾因為要提升自我，貶抑別人而說人壞話。結果卻遭到報應，變成別人說我壞話，吃了不少苦頭。

為了保護自己，所以放縱自我，矇騙自我。

「不說謊」、「不說人壞話」的真正涵義應該是告訴我要誠實面對自我，正視自我吧？

那天我跟衝浪社長是第一次見面，而且我小他十歲，跟我這種人見面，他應該得不到任何好處，可是他卻誠懇真摯地跟我面談兩個小時。

當時我感受到一股強大的愛的暖流。社長教我的不只是賺錢秘技，還有創造豐富人生的方法。

因此，我想確實實踐這兩個建言。

當時的建言大大地改變了我往後的人生。

這樣的邂逅是我珍貴的無形資產。

後來的我也獲得更多機緣，持續壯大我的人生資產。

因此我認為，若有一天我也能有所成功，一定要跟後輩分享這些寶藏。

9 有一天也想成為那樣的大人

「不說謊。」

這句話深深震撼我的心。我也試著問自己。

我是否已對這樣貧困的生活感到心力交瘁呢？

我好像真的走錯人生路，但是一想到要放棄跳舞，心裡似乎又充滿不安。

我將雙手放在胸前捫心自問，發現對自己說了許多謊話。

還有，如果我想扭轉人生，認識衝浪社長的這一刻就是最佳時機，我想在衝浪社長的身邊工作、學習。

在面談的兩個小時裡，我愈發崇拜社長，希望自己能跟他一樣。

老實說，衝浪社長的口才並不好，但是談話內容意境深遠又有趣。

他毫不做作，如此自然反而更顯帥氣。
他沒有看輕像我這樣的人，而是誠摯地對待我。
他身邊有許多好朋友。
本業經營得有聲有色，連當嗜好的衝浪也練出一身好技倆。
他的信念、生活方式，全部都超棒，值得奉為典範。

我下定決心放棄跳舞，拜託衝浪社長讓我待在他身邊學習。但想不到社長給了我出乎意料的答案。

「你不需要放棄跳舞。因為舞蹈正是你的魅力所在。如果你要放棄跳舞，也不用來我這裡上班。可是，如果想在我身邊工作，你要不要改變一下你的舞者計畫？」
於是，我以業務員身分，待在衝浪社長身邊工作。

雖說已下定決心，想到這次真要放棄跳舞的夢想，心裡還是有些許不安。不停在想，我做這樣的決定是正確的嗎？總覺得有些惶恐。消除心中疑慮的唯一辦法就是要以業務員身分，闖出好成績。

只要有成果，就可以像衝浪社長那樣，隨心所欲跳著我最愛的舞蹈。如此一來，我就可以不受現實限制，自在地享受跳舞這項嗜好。我決定要擁有這樣的生活模式。

我退掉東京的租屋，回到故鄉。並告知雙親和朋友，我暫時不再跳舞。

結果，朋友全部反對我這麼做。

「為什麼要放棄？你要不要再拚一下？」

也有人叫我不要再說放棄兩個字。

當初在我告訴他們我要當舞者時，這些朋友只是冷冷地回我：「你別鬧了，當舞者沒前途。」現在卻反對我放棄跳舞……人類啊，真是奇怪的生物。

連家父也反對。

「你的夢想就只有這樣嗎？你甘願就這樣半途而廢嗎？真的要工作的話，就找家公司應徵，正常上下班。」

家父口氣嚴厲，表達他的意見。

可是，家父見我意志堅定，最後對我說：「我會這麼說，只是想確認你真正的心意。我已經明白你的想法，這些錢你拿著，去買套西裝吧！」

說完，他交給我裝了十萬日圓的信封袋。

原來在確認我想法之前，他早就準備好這個信封袋了。

他一直是相信我的，總是像這樣守護著我。

我打從心底告訴自己，這次一定要努力工作。

還有，哪天我也要成為像家父那樣的父親。

Phase 2

感謝每一次的邂逅，
持續往前衝也持續思考

10 為了滿足虛榮心與自尊心撒錢

我剪掉一頭長髮，並染回黑色。拿著父親給我的十萬日圓買了西裝，正式開始業務員的工作。

我放棄了最愛的舞蹈夢想，選擇了這條路，所以這次只准成功，不准失敗，我想賺錢的心意比一般人還強大一倍。

過去我曾留下電話行銷人員全公司業績第二名的佳績，所以就樂觀認為，也許自己真的適合當業務。

可是，世事並非如此簡單。

我當然想過，不可能一開始就一帆風順，但想不到現實情況比想像艱難。有幾個月每天業績掛零。回到家懊悔地哭了。覺得每件事都很討厭，還曾半夜穿上西裝出門，躺在馬路上，望著夜空許久。

希望哪天我也能像夜空的星星那樣閃爍耀眼！

另外，跟我共享一盤咖哩飯的女朋友甩了我，心情更是鬱悶。她看我因為沒有業績而垂頭喪氣的樣子，還有脾氣也變差了，不像以前那樣溫柔體貼，再也受不了這樣的我，所以提了分手。我當舞者時，雖然窮，但還是精神抖擻地朝著夢想前進。業績掛零的我也跟著變成零魅力的男人了吧？

某日我有機會跟衝浪社長公司的頂尖業務見面。

這個人體格魁梧，聲量很大，很有氣勢。交談後得知他在高中時期，是花園球場橄欖球選手，曾參加過全國大賽。那天我有機會就近觀摩這位橄欖球選手前輩的工作樣態。

這位前輩的溝通能力、簡報能力都異於常人優秀，確實是一位優秀的業務，與客人應對相當得宜。

我吸收了他的所有技巧，並且模仿著做，我每天都跟他見面，一起工作。

不禁讓我回想國中時期，每星期都從岐阜到名古屋，找舞者學習的那份衝勁，現在的心情就跟當時一樣，很有幹勁。

總之，每天都過得很開心。

或許我這次是趕上了時代潮流。

橄欖球選手前輩的教導也幫了很大的忙。

後來，我不斷成交，終於做出了成績。

因為薪水是按件計酬的模式，業績越好，薪水就會持續提升，一年過後，我成為月薪百萬、有時甚至月薪兩百萬的超級業務。

當時我才二十六歲。

人在開心的時候，會覺得做起事來特別順心順手。

這次我體認到「與誰共事」比「做什麼事」更重要的道理。

我本來就揹有一些小債務，現在已全數還清。幾年前我窮到只能兩人共食一盤咖哩飯，現在可以一個人點一盤咖哩飯，而且還可以點許多小菜。我完全擺脫之前的窮困生活。

我買了BMW的車。第一次用自己賺的錢買了高級車，心中雀躍不已。

我也開始一個人住，在名古屋租了3LDK（三間房間、一間客廳、一間飯廳、一間廚房）的寬敞公寓。

第一次去峇里島旅行，感動莫名，也經常出國旅行。

後來覺得BMW開膩了，又買了一台賓士車，就這樣兩輛車輪流開。

我憑著自己的力量打敗貧窮，獲得成功。也擁有財務自由的人生。

每天帶著後輩去喝酒作樂，到處玩。

每天都自信滿滿。

當時我認為一輩子都會這樣生活。

我誤以為是靠自己一個人的力量而成功。

不懂得珍惜人和金錢。

為了讓身邊人對我刮目相看，為了彌補挫折感，為了滿足自己的虛榮心和自尊心，不斷撒錢。

回想這時候的我，真的感到羞愧。

11 神回覆／那樣的謊話也無妨

告訴各位一個可以表現那位橄欖球選手前輩厲害之處的故事。

有一次我要介紹客戶給橄欖球前輩認識，當時我是這樣安排的：先跟客戶約在某個地點會面，然後再一起至橄欖球前輩等候的咖啡廳。

可是，時間到了那位客戶都沒有現身，打電話給他也沒接。這下糟了，他放我鴿子。

當下我慌了。如果只對我失約沒關係，但是連累到前輩，會造成他的困擾的。

我馬上致電給前輩，向他賠罪道歉。

結果，他竟這樣回答我。

「客人放你鴿子嗎？真是太棒了。我剛好有本書想看，謝謝你讓我有空檔可以看！如果你跟客人取得聯繫，你就告訴客人，因為我剛好也有事，他沒赴約，反而幫了我大忙！」

「剛好有本書想看」，想也知道是前輩善意的謊言，他不想讓我太難堪。**橄欖球選手前輩不想責備人，不想讓人難堪，所以說了這樣的謊言，真的是神回覆啊！**

難道這也是成為頂尖業務員必備的秘技？

而且，他也顧慮到被夾在中間、進退兩難的我的感受。

「你今天不用過來我這裡了。我今天一定要把這本書看完！」

他笑笑地說著，同時我也確實鬆了口氣，更激起我奮發向上的意念，以後我一定要更努力學習。

如果是一般情況，想當然爾一定會被上司責備安排不周。

我也會氣放我鴿子的客人，到時候所有的情況都會變得很糟糕。前輩的大氣度更顯出他的交際手腕、待人之道是多麼地精湛。那一刻我下定決心，我要一輩子跟隨這個人。

幾天後，我以平靜的心情跟這位客戶見面，也介紹他給前輩認識，不用說最後當然是成交了。

如果是善意的謊言，違心之論也無妨。不責備人，不樹敵，學習創造幸福人生的方法。

我現在跟橄欖球選手前輩仍然保持聯繫。他現在是名古屋地區知名的炸物專賣店老闆，是天天散播歡樂的開心果人物。

12 從事最不想做的工作

我放棄當舞者的夢想，成為一名業務員。

蒙社長與前輩的關照，也剛好抓對時機，圓夢過著月薪百萬的生活。

現在的我會將功勞歸給社長、前輩和時機，但在當時我一直認為是靠自己努力得來的。

我過著紙醉金迷的奢華生活，頻頻換外國車開，載著後輩去喝酒、玩樂。

「你們看，我終於爬到顛峰了！」能過著豪奢的生活，我引以為傲。

可是，我大部分的工作是有時間性的，當期限結束，收入又會大幅減少。因為我拚命刷卡購買精品，信用卡請款單都會遲兩個月再請款，當我收到繳費單時，存摺裡面只剩一點點錢。

因為賺到錢了，我也挪出大筆資金投資，但因為收入驟減，導致我的借款瞬間暴增。所謂滾雪球式的負債就是這樣吧？

二十八歲時，我的負債高達一千兩百萬日圓。

我曾聽人說過，樂透中頭獎就是不幸的開始，我現在的情況就像這樣。難道不幸將降臨在我身上？

在這之前我吃過各種苦，遇見各種難關，但最後都讓我闖關成功，心想總會有辦法解決。可是，這次情況不一樣，數字太龐大了，我很擔心過不了關。

憑我一己之力，鐵定沒辦法解決，所以決定去找久未見面的衝浪社長。

我把我的情況一五一十告知。我無法對這位給我兩個忠告的恩人有絲毫隱瞞。

「其實，我欠了很多錢。請教教我，我該怎麼辦才好？」

社長竟然大笑地說：「我早就知道會有這麼一天。」

突然我感到很沮喪，現在不是說笑的時候吧？

「既然您早知道會這樣，就應該在中途阻止我啊，事先提醒我不是很好嗎？」

聽我這麼說，社長表情嚴肅地說：「如果我事先提醒你，那就不好玩了，不是嗎？這是讓你成長的機會，為了你好，我不能事先提醒你。」

他又接著說：**「到目前為止，你所遭遇的考驗是人人都禁得起的。以後才是命運的分歧點。如果你能從現在開始往上爬，解決難題，你就是真的成功了。」**

社長這番話在我心中點燃一把火。

「好，我要振作！我要努力往上爬！」

可是很無奈，我不曉得該如何往上爬。

衝浪社長再一次給我扭轉人生的忠告。

「如果你想從這裡往上爬，就從你想得到的工作中，選擇最不願意做的那一項開始做起！」

然後，他給我一本打工求才誌。

打工求才誌刊登了各種徵人資訊。如果是以前找兼職的話，挑選基準是時薪（當然越高越好）、工作時間（要配合自己的時間）、符合時薪報酬的輕鬆工作（這一點很重要。一定選輕鬆的工作）。

可是，衝浪社長說要找最討厭的工作。

我很清楚，靠我一個人的力量，無法突破現況。我堅信照衝浪社長說的話做，一定能為自己闖出一條活路。

可是，我沒有從事最討厭工作的勇氣。

過了兩個星期。我花了兩週時間堅定決心。

從不想做的工作中，挑出最討厭的。然後我用顫抖的手撥電話至那間公司應徵。

這份工作是廢物回收，簡單來說就是回收垃圾啦。

面試輕鬆過關。畢竟很少人會想做這一行。只要有人來面試，應該都會錄取吧！

面試通過的翌日清晨就開工了。

我穿上工作服，戴上厚手套，坐上小型卡車，慢慢繞行整個鄉鎮。小型卡車的擴音器播放著大家都熟悉的固定台詞。

——廢物回收車來了。家裡有不用的電視機、冷氣機、冰箱、洗衣機、電器用品、腳踏車、摩托車等，我們都有回收。所有廢棄物都回收，如果有需要，請不要客氣，通知我們一聲。——

不久前我還風光地開著賓士車到處跑。而且全身名牌，領著後輩通宵玩樂。現在卻坐在如此狹窄的小卡車裡，穿著稱不上潔淨的工作服回收廢棄物。

真的太丟臉了！太悲慘了！好想馬上下車、離開！

但我要比任何人努力，我要得到衝浪社長的認同，然後擺脫這份工作。

這份工作做了一週左右，有一次正好停車等紅綠燈，我突然看了一下窗外。大樓的玻璃窗映照著一輛髒髒的小卡車。我看見自己當時的模樣，穿著滿是髒汙的工作服，頭上包著毛巾。那一瞬間我很想閉上眼睛，但是我鼓足勇氣，想再仔細看看自己。

「這才是真正的我吧？」

當下覺得堵在胸口的石頭掉下來了，整個人鬆了口氣。同時我也覺醒了，以前的我是用虛榮與自尊裝扮的盔甲來壯大自己的聲勢、身分。那一刻我感覺到那個虛偽的盔甲正在剝落。

當有客人來時，廢棄品回收員要低著頭，流著汗，收整會弄髒工作服的廢棄品。再將貨款交給客人，客人會跟你說聲「謝謝」。這就是工作流程，日復一日地進行著。

我發現，在這樣日復一日的相同工作流程下，我的心靈也獲得了洗滌。

我終於明白人與金錢的真諦。

鼓起勇氣，做最討厭的工作，才能真正正視自我。

於是，眼前的路開展了。現在我真心覺得這是最棒的工作。

13 沒東西可賣就推銷自己

雖然這麼說，但是想趕快脫離這份工作的心意並沒有改變。因為這並不是我心目中的理想工作。

可是，我身上還揹著巨債。為了還錢，就得努力工作。我也想做出成績，贏得衝浪社長的認同，所以一直在思考該如何快速闖出好成績。

雖然每天開著卡車到處跑，還是無法擁有客源吧？想擁有客源，方法只有一個，那就是大量訪客。

我全年無休，每天都開著播放攬客台詞的小卡車繞行整個城鎮。

每天要按五百戶的門鈴。不論下雨天或颱風天，甚至下雪天，都一定要達到這個目標。

按了門鈴，多數是家裡沒人，也有人假裝不在家。就算有人應門，大家幾乎都是對著對講機說一句「不用了」，就再也不肯跟我對話了。

這情況跟我當電話行銷人員時很像，遇到了也只能苦笑著，再按下一個門鈴。

根據以前的工作經驗（電話行銷人員和後來的業務員），我學到一件事，對人推銷商品時，首要之務要介紹自己，贏得對方信任。

如果一開始就聊想銷售的商品，談話就會到此為止。

「這件棉被給你」，「好的」，然後將貨款付給客戶，交易就結束了。

所以，對於肯幫我開門的客人，我會遞上名片，並說：「如果您有時間，可以跟您說一下話嗎？」然後開始自我介紹。

「其實，五年前我的工作是ＴＲＦ的伴舞。」

「你以前是舞者，怎麼現在會做這份工作呢？」

「因為我的舞者夢想破碎了，加上兩年前我的人生跌了一大跤，現在想歸零重新開始。」

就這樣跟客人一直聊下去。

一般說來在家的人多是家庭主婦，有人會告訴我她的故事，還有人請我喝茶，也有不少人為我加油。

「家裡還有東西想請你回收。」

「我會幫你介紹其他客人。」

於是，我的客源越來越廣。

不做作，不裝腔作勢，誠實介紹自己，贏得客戶信任是首要之務。

讓客戶認識我是怎樣的人，就能贏得客戶的信任。

沒有商品可賣，就推銷自己吧！

14 沒有理由放棄這個機會

回收員工作做了一個月後，公司社長可能看到我的成績，進而認同我，開始傳授我各種工作技巧。

我自己也慢慢領悟到攬客的竅門，工作兩個月的業績竟然成為全公司第一名，薪水也逐日增加。我絕對不能因此而自滿、洋洋得意。以前的我就是最佳的借鏡，我要繼續腳踏實地工作。

在這個領域裡，很少人會對這份工作充滿衝勁吧？所以我深得社長歡心，他讓我掌管一個部門，也給我不錯的薪資報酬。

三個月後，我去找衝浪社長，報告我的工作狀況。

「之前社長您要我找最討厭的工作做，我真的聽您的話，找了最討厭的工作，現在真心覺得這份工作很好。也因為這個工作，讓我可以一切從頭開始。」

我繼續報告，提到社長給我加薪時，不曉得為什麼衝浪社長卻面有難色，似乎在思考什麼，然後對我說：「你馬上辭掉這份工作！」

「您說什麼？我好不容易要定下心來要好好工作，債務也有望還清，為什麼要我離職呢？」

本以為衝浪社長會稱讚我，萬萬想不到他會叫我辭職。

「你應該知道吧？你真的很幸運，抽到一支最幸運的籤。我看過各行各業，未來資源回收業會大紅大紫。如果你一直在別人底下工作，實在可惜。而且現在這位社長是不是很喜歡你，並傳授你許多竅門？你現在馬上辭職，開始準備創業。我要你自己當老闆啦！」

我當下不假思索回答：「我不要。」

如果要創業，我想當裝潢時尚摩登的咖啡廳老闆。資源回收不是我夢想的行業。

我忍不住就發起了牢騷。

結果社長說：「咖啡廳隨時都可以開。你千萬不要錯過現在這個千載難逢的好機會。」

這是我百分百信賴的衝浪社長的建言。我決定暫時撇下開咖啡廳的夢想，聽從社長的話去做。

我告訴資源回收公司的社長我想創業。但我並沒有照衝浪社長的建言，馬上就離職，我覺得這樣太無情了，我又待了三個月，而且這段時間比以前更賣力工作，也介紹幾位新人來公司，並且教導、訓練他們，算是報答社長對我的恩情。最後，我在這間回收公司整整工作半年。

當初認為最討厭的工作，如今卻是我的人生支柱。

成為資源回收業者後，就能徹底脫下以虛榮與自尊為門面的虛偽盔甲。

說到要創業，竟然還抱著開咖啡廳的夢想，由此可見我還無法完全捨棄虛榮心和自尊心。

15 招來好運的快樂套餐

我順利離開那間資源回收公司，正式創業。當時我二十九歲。

雖說是創業，其實是校長兼撞鐘的一人公司。再也沒有人會付薪水給我。換句話說，我自己努力工作賺到的錢，全部都是我的，發生任何問題，也全是我的責任。

我買了一輛小卡車，租了一間小倉庫，秉持我一向努力的本分，每天認真工作，盡量拜訪更多家戶，增加客源，回收廢棄品。

我很清楚單憑自己的力量，沒辦法讓公司生意蒸蒸日上。

於是我找了當時在資源回收公司認識、合得來的前輩。我們兩人就分擔責任，彼此協力合作，慢慢擴張事業版圖。這位前輩以前也是一名小混混，在家鄉算是頗有名氣的飆車族。完全是我的菜，絕對合得來（笑）。

那時候前輩就騎著每個人都想騎一次看看的美國「哈雷機車」。他很爽快地答應要幫我的忙，而且他的助力比想像中強大。很慶幸有他的幫忙，讓我能以開朗積極的心態，笑著度過甚為惶恐不安的每一天。如果那個時候沒有能與我同舟共濟的夥伴，就沒有今天的我。

哈雷前輩的個性與能力正好與我互補，我們是最佳相輔相乘的夥伴。這樣的兩人彼此信任、合作，任何辦不到的事都可以辦成。前輩讓我體認到這個事實。

雖然後來哈雷前輩從事不同的行業，但是現在我們依舊默契十足，彼此幫忙。我們是打從心底百分百信任彼此的同伴，經常一起出遊，在工作上也常有聯繫。不過，現在前輩不騎哈雷機車了，變成以腳踏車代步的設計公司社長。

同時，我失戀了。

當時交往的女朋友跟我早已論及婚嫁，她說想跟我結婚，可是卻突然斷了音訊。我是那麼愛她。我好難過，傷心沮喪到提不起勁工作。

就在那時候，一位認識的姊姊突然打電話給我。這位姊姊是一名靈療師，她能以肉眼看不見的力量療癒人，並且可以接收到來自上天的訊息。以前經由某人介紹而認識這位姊姊，我們一見如故，馬上成為好朋友，也常見面。

靈療師姊姊第一句話就說：「你怎麼了，感覺你的能量超低，發生什麼事了嗎？」

我告訴她我失戀了，很難過。

「果真是如此。我剛好想到你，感覺到你的能量很低，擔心你是不是怎麼了，所以打電話問問。我待會要去買個很有趣的東西，真是太湊巧了，你就跟我一起去吧！」

我坐上她的車，然後問她。

「妳要買什麼？」

「Happy Set。」

Happy Set？難道是麥當勞的快樂兒童餐？當時我二十九歲，這位靈療師姊姊是幾歲呢？記得是四十歲左右吧！我安靜地坐在副駕駛座，心裡一直質疑，麥當勞會賣快樂兒童餐給我們兩人嗎？車子已經駛過好幾家的麥當勞，而且速度更加快，最後來到岐阜縣美濃市。這是以「卯建房屋街道」（譯註：卯建是指從屋頂兩端延伸出去的防火牆）聞名的重要傳統建築物群保存地區，是一座很有歷史風味的美麗城市。

要在這個地方買快樂套餐嗎？

我們的車子停在一間和紙店門前。招牌上面寫著「山根」兩個字。

這時我才想起美濃是知名的和紙產地，我緊跟在靈療師姊姊的後面，走進店裡。店內展售了各種圖案的和紙，以及使用和紙製成的小物商品。

「我要買Happy Set。」

靈療師姊姊說完，店員馬上走進店的後面，把東西拿出來。

原來是寬約一公尺、長約六十公分，有畫圖案的兩張和紙。這就是所謂的「快樂套餐」。

一張和紙的畫像名稱為「花鳥」，圖案是有一群鶴在山間和樹林間飛翔，還有盛開的百花。這個畫像使用許多質感沉穩的深色系。

另一張和紙的畫像名稱是「平安繪卷」，底色是金色，圖案是一群戴著烏帽的貴族列隊前進。有的貴族搭乘牛車或騎馬，但大部分的貴族是用走的。不曉得是否因為這張圖畫以金色為底色的關係，整體給人相當華麗的感覺。

不曉得從何開始流傳，說只要買這兩張和紙，就能得到幸運之神的眷顧，因而成為熱門商品，不知何時起大家就稱呼為「快樂套餐 Happy Set」，日本各地都有人特地前來購買這個商品。

店裡貼滿來自全國各地的感謝信函——「快樂套餐治好我的病」、「我終於結婚了」、「我順利生了孩子」等等。

我當時抱著懷疑的心態。莫非這是靈能商業手法？售價應該很貴。

可是，我竟然聽到兩張和紙售價三千日圓，咦，怎麼這麼便宜？那我也買一套好了。當時我正因失戀而垂頭喪氣，可能很想找個依靠撫慰心靈，於是就買了。

靈療姊姊似乎察覺到我的心意，對我說：「從今天開始就會有好事發生，你不用擔心。」

回到家後，我想起在店裡聽到關於畫的故事。

這兩張和紙的圖畫正好是陰陽之畫。「花鳥圖」是陽畫，會散播善能量。最好貼在人群聚集的場所，譬如客廳；「平安繪卷」是陰畫，會吸收壞能量。最好貼在有壞東西會進來的地方，譬如玄關。

可是，好像也可以不貼，只要擺在家裡就可以。

我果然還是不信這一套，但既然特地買了，就貼看看吧！

然後我接到一通電話。是一直很關照我的那位前輩打來的。

「今晚我要去喝一杯，你也來吧！」

是邀我一起去喝酒談天的電話。

我才剛失戀，根本沒有這個興致。本想拒絕，但想到前輩那麼照顧我，又不忍拒絕他。想到我已經買了快樂套餐，就赴約吧，看看會不會真的有所改變。

前輩帶了他的朋友來，並介紹其中一位女生給我認識。

當下我第一次有這樣的感覺，這就是一見鍾情嗎？

是那位女生的某個特質吸引我吧？明明在一分鐘前，我還因為失戀難過，不想再跟任何女生見面，也不想認識異性。

後來學長因為有急事要先回去，他叫我送那位女生回家。不曉得哪來的勇氣，我在送她回家的路上跟她告白了。

然後三天後，我們開始交往。

事情真是進展的太快了。難道是託快樂套餐之福？雖然我心裡認為不過是巧合，

但還是向那間和紙店「山根」報告我的情況。我克制不了自己，就是想去。

店員只是和善地對我說：「真是太好了。雖然我不曉得是不是因為 Happy Set的

關係，但是真的很恭喜你。」

店員絲毫沒有表現出我家商品多好、多靈驗的驕傲態度。

後來我買了十套快樂套餐，送給身邊正在為某事煩惱的朋友。

16 女性友人的一句話讓我下定決心拚命努力

跟她第三次約會的那一天。

我再度開著賓士車出門。如果賣掉這輛車，足夠我清償大筆債務，但是我就是無法下定決心賣車。賓士車是我維持虛榮心與自尊心的最後堡壘。

那天用賓士車載著她，開心地出遊兜風。

跟女生約會時，還是開賓士車才顯得酷。她一定也很開心坐著賓士車到處遊玩吧！正當我如此以為時，事情發生了。

她突然問我：「這輛車是哪個牌子？豐田車嗎？」

我以為她在開玩笑，轉頭看了她。

不，她的表情不像開玩笑。

我嚇一跳。就算對車子沒興趣，至少也應該知道這是賓士吧？我最後的虛榮心和自尊心，還有好勝心，在此刻完全起不了作用。可是，當著她的面，我不敢理直氣壯地說：「這是賓士」，只能這樣回她：「不，不是豐田車。」

接下來她只說：「啊，不是喔，原來我猜錯了。」

就算沒開賓士車跟她約會，她光是看到我這個人，就喜歡上我了。而且也認同我。有沒有賓士車根本不是問題。

這麼一想，整個人輕鬆了。

好，就賣掉賓士車吧！我心意已決。

這個女生如此真誠地看待我，沒有半點虛情假意，要欺騙這樣的她實在於心不忍。事實上我尚未告訴她我還有負債這件事。

雖然開始創業成立資源回收公司後，還債的事情有了眉目，但是我之前的欠債是一般人無法想像的巨額。

如果告訴她這件事，說不定她會嫌棄我。

可是，如果我想跟她繼續走下去，我一定要更努力才行。

第四次約會那天，我們走進一間咖啡廳，點了漢堡。

「我有件事想跟妳說。妳聽了可能會被嚇到，這樣妳還是想聽嗎？」

「什麼事？是什麼事啊？」

「其實，我有負債。」

「負債多少？欠多少錢？」

這明明是嚴肅的話題，但是她這樣追問的方式，讓我很難開口。可是，話都說到這裡了，已無後路可言。

「其實，我的負債大概有一千兩百萬日圓……」

我怯怯望著一定會垮下臉來的她。結果那一刻，她是這麼說的。

「哇，太厲害了！」

她邊說邊拍手。我完全被她弄得丈二金剛摸不著頭緒，於是我問她。

「這哪裡厲害了？」

「因為我沒有欠債一千兩百萬日圓的經驗，我也不曉得該怎麼做才會變這樣。一定是有什麼厲害的過去吧！你為什麼會欠這麼多錢？」

這下子只能坦白過去，於是我全部告訴她了。

接下來，她的一句話改變了我的人生。

「原來是這樣。不過，沒關係。將來你會成為賺到一億日圓的成功者吧？所以，我一點都不擔心！」

說完，她津津有味地開始吃漢堡。

我之前曾與她分享過我的夢想，所以她真的相信我一定會成為成功人士。我的負債額度並沒有讓她有絲毫不悅或恐慌，還反過來鼓勵我。

我的心中湧起巨大的能量，渾身充滿幹勁。
一股熱情從心底一直湧現，想藏也藏不了。

她是這麼地坦率、可愛，如果我無法給她幸福，真的不如死了算了。我再一次在心裡發誓，為了她我一定要拚命努力。

因為她，我終於能完全捨棄虛榮和自尊。
後來，她成為我的妻子。
我一直相信是快樂套餐促成了這段佳緣。

17 一盤咖哩飯（下集）

在從事資源回收業期間，邂逅各式各樣的客人。

可能因為我會跟客人聊我的過往和夢想，讓客人對我有興趣，並對我說：「你這個人真有趣。以後還會麻煩你喔！」也有客人在不斷地往來中，成為無話不說的好朋友。

其中有一位住在一宮市的夫人。這位夫人將公寓的一個房間改裝成私人美髮院，以預約制經營。

認識她以後，她把我當成兒子般給予支持與鼓勵。也曾邀我吃飯，不僅如此，還介紹好幾位客人給我。

某日，美髮院老闆娘跟平常一樣聯絡我，說要介紹某個人給我認識，要我現在馬上去找她。

實在是太感激了。

我馬上驅車前往，因為剛好是中午時間，我們決定先填飽肚子，再去辦事。至於要吃什麼，就交給老闆娘決定。

我們走進沿路最醒目的店家——CoCo 壹番屋。一宮市是 CoCo 壹番屋總公司的所在地，有許多家分店。我想都沒想就點了炸豬排和菠菜兩道配菜。

老闆娘個子嬌小，食量少。每次跟她用餐，總是會分一半份量給我。那一天也分了半盤咖哩飯給我。

一盤咖哩飯分成一半……十年前的回憶突然閃過腦海。

當時我立志成為舞者，在東京過著貧困的生活。

女朋友從岐阜來找我約會，我身上只有四百日圓，走進 CoCo 壹番屋用餐。

我寫了問卷回函卡，後來還收到社長的親筆信及三千日圓餐券。

我尋找過去的回憶，將記得住的部分全說給老闆娘聽。
老闆娘眼眶泛淚聽我說完。
「真不愧是宗次先生。」
因為CoCo 壹番屋創辦人宗次先生在一宮市是位大紅人，可以說是無人不知。
吃完咖哩，我們就去今天的正事主角，老闆娘要介紹給我認識的那個人的家。據說他是某家紡織公司的會長。

抵達後，老闆娘對我說；「把剛剛的咖哩飯故事說給會長聽吧。」
我再重述一遍，老闆娘欲徵求會長的認同說：「這個故事很感人吧？」可是，我怎麼覺得會長的表情有點嚴肅可怕？
他問我：「這個故事沒有後續嗎？」
「是的，到此就結束了。我覺得 CoCo 壹番屋社長真是一位偉大的人。」
結果我遭到社長強力的指責。
他說：「你忘了一件很重要的事！你怎麼沒有向宗次先生致謝呢？你說他救了你

一條命，既然他幫了你這麼大的忙，難道你從未想過去見他一面，當面致謝嗎？」

我完全想不到事情會這樣進展，有點困惑。我也認為確如社長所言，我應該當面致謝。可是，像 CoCo 壹番屋社長這樣的大人物，我從未想像能親眼見他一面，也不曉得該如何跟他見一面。

於是，會長撥了一通電話，不曉得是打給誰。想不到對方竟是宗次先生本人，社長還說待會要過去找他。地方上的會長和社長之間，都會有所聯繫。

當下我真的嚇壞了。

見面地點是「宗次音樂廳」。宗次社長很喜歡古典音樂，想透過古典樂對社會有所貢獻，於二〇〇七年蓋了這座音樂廳。

當時宗次先生已經退出 CoCo 壹番屋的經營事務，專心從事社會貢獻活動。

抵達音樂廳，馬上被帶到辦公室，看到宗次先生我好緊張，針對當時他的親筆信和餐券的事向他致謝。傳達我內心深處誠摯的謝意。

當我說：「我想您應該不記得……」

他竟然說：「我記得，而且印象深刻。」

然後還說很高興我來找他。

我告訴他我的現況，收到他的信後，我放棄舞者夢想，成功過也失敗過，現在自己創業，開設資源回收公司，也獲得許多人的幫忙，公司業務總算上軌道。

因為宗次先生的指引，今天才能有點小成就，才有臉見宗次先生。當我這麼說時，宗次先生說：「那時候我投資你三千日圓太值得了。今天可以這樣見面，我真是大豐收。應該是我跟你說謝謝才對。」

他的這番話讓我大受感動。

宗次先生就是這樣的人，總是在為年輕後輩著想。

接下來宗次先生問我：「你將來想成為怎樣的人？」

我有點得意忘形地說：「希望哪一天能跟宗次先生一樣，成為為年輕人創造夢想和希望的大人物！」

宗次先生大笑著說：「很好，加油。不過，現在你還不行。你要對社會更加奉獻，要為社會努力。」

他幫我打氣。我是打從心底想成為像宗次先生那樣的人。

宗次先生又說：**「趁年輕時去看看這個世界。接下來哪天出版你的自傳，將你的故事寫成書。從一個窮小子變成對社會有貢獻的人，如果能把這樣的成功故事整理出書，多美好啊！」**

我辦得到嗎？宗次先生大概感覺到我認為不可能的想法，於是，他更鏗鏘有力地說：「把你的故事寫成書！而且書名我也幫你想好了！就叫《一盤咖哩飯》！就由你撰寫二十一世紀版的《一碗湯麵》。封面是黃色，上面畫著分成兩半的咖哩飯，到時候你出書時，我會在書腰上面為你推薦這本書。」

宗次先生說的這麼斬釘截鐵，讓我覺得搞不好真的會有這麼一天。我學歷不高，也沒讀什麼書，想到要把自己的故事寫成書，就覺得很興奮。

從那天開始，寫書成為我的夢想。我的夢想又多了一個。

距收到三千日圓禮券那天，已經過了十年，萬萬想不到竟然能跟當時是 CoCo 壹番屋社長的宗次先生見面。而且他還記得當時那張問券回函卡的事。

我親眼見識到能者的過人之處。同時也體悟到人脈的重要。託美髮院老闆娘和紡織公司會長的福，我才能擁有今日的幸運。而且也覺得過去的努力是值得的，努力真的會有回報。

邂逅了某個人，會從這個人身上再創造新人脈。

而且，我多了一個「把自己的故事寫成書」的新夢想。

我確信過去的辛苦經歷，全部會化成書的養分。

Phase 3

坦誠面對自我，決定前進方向

18 出聲談論夢想／一個人環遊世界

宗次先生說的每個字都深深刻印在我心中。

「現在你還不行！」

「你要對社會更加奉獻，要為社會努力。」

「趁年輕時去看看這個世界。」

「將你的故事寫成書。」

雖然沒辦法馬上完成所有夢想，但我經常思考這些事情。

然後，我萌生了環遊世界的想法。

要寫書的話，必須再累積更多的經驗。工作之餘我會想該去哪裡走走看看，該如何前往，也查了許多資料，知道身邊有人曾經環遊世界，我會馬上跑去找他，蒐集資訊。

環遊世界意味著要離開日本、放下工作好幾個月，當然會擔心，且孤身一人去旅行，其實心中也很不安。因為我的語言能力不好。如果說我有什麼優點是可以派上用場的，那就是可以馬上跟別人變成好朋友的積極個性。

我真的很煩惱，不曉得怎麼辦，想找示現畫老師諮詢看看。

示現畫是指接受來自上天訊息後，手會自己動起來，用寫字或圖畫的方式將訊息記錄下來的行為。簡單地說就是靈媒師。

這位示現畫老師是前面提過的那位衝浪社長介紹認識的，第一次諮詢時，準到嚇人，所以後來每當內心感到迷惘時，就會找這位老師。

老師看著迷惘的我說：「現在馬上去。當你環遊世界後，你現在煩惱的事情會立刻解決。你什麼事都不用擔心。」

她還讓我看了好幾張她畫下的畫面，「在這次的旅程中，你會看到這樣的景觀。而一位比你年長的女性會送給你相當重要的人生訊息。」

好！那我就出發吧！我不再迷惘，堅定了環遊世界的計畫，並持續蒐集情報，規劃細節。

為了出國，我更努力工作，在三十二歲那一年還清債務。我終於擺脫債務重擔，可以心無罣礙地環遊世界。並且跟那時候分不清是賓士車或豐田車、我最愛的女生求婚成功。

我一直朝著目標前進。

既然要旅行，我強烈希望能策畫一趟最棒的行程。

我認識的社長前輩中，有人經常到世界各國旅遊。任何人看到他都會覺得他是一位成功者，看起來就是適合開敞篷車、住高樓層公寓的上流人士。可是，他為人非常和善，很樂意幫助別人，我也常常跟他相約喝酒聊天，請教他許多事情。

有一天聊天時，我提到想製造驚喜送給未婚妻的事。

「因為難得有機會能出國旅行，我想在旅程中製造驚喜送給未婚妻。她願意嫁給我這種人，我很感恩，我想讓她開心，給她幸福。」

聽完，這位上流前輩簡短地給了我意見。

「你會這麼想很好啊！這樣好了，你就在旅途中親自去挖寶石，然後把寶石鑲成戒指，在結婚典禮那一天為她戴上這個戒指。」

「這個點子太棒了。可是，我要去哪裡挖寶石呢？」

我搜尋網路，都沒有找到旅行社提供挖寶石的旅遊行程。

「看來是行不通了。」

那天聚會，我一直跟前輩討論這件事的可能。

某日，又跟上流前輩聊這個話題時，突然他的電話響了。

他跟我說：「不好意思，接個電話。」然後對著電話說：「我剛好認識有需要的人，待會再跟你連絡。」掛掉電話後，前輩一臉興奮地轉頭看著我。

「我跟你說，有個好消息。你可能可以挖寶石囉！」

來電者是斯里蘭卡友好協會的人。

「下個月原本安排好負責送日本製寶石顯微鏡去斯里蘭卡的人，突然有事不能去，現在正在找替代的人。所以我就想到了你。」

前輩看起來比我還興奮，他又繼續說。

「這可是千載難逢的機會。斯里蘭卡是一座寶石之島，除了生產鑽石，還是各種寶石的產地。若你以送顯微鏡的任務去了斯里蘭卡，當地人一定會回報你的。」

看來確實是有點希望。

一開始並沒有計畫去斯里蘭卡，我對印度比較有興趣。可是，現在不是這麼說的時候。要以寶石為優先，當下我馬上將斯里蘭卡安排至行程中。

翌週我將顯微鏡拿去大阪的斯里蘭卡友好協會寄放。順便詢問了協會的人關於挖寶石的可能性。

「其實我想挖紅寶石，因為紅寶石是我未婚妻的生日寶石，不曉得能不能請斯里蘭卡那邊的人幫我這個忙呢？」

協會的人無法做決定。

「這個嘛，應該可以吧！我幫你問問斯里蘭卡那邊負責這次親善交流事務的人，看看可不可以。」

一週後接到友好協會的人的電話。

「剛好斯里蘭卡那邊負責這次事務的蘭傑特先生家族是寶石商，從挖寶石到開店販售是一條龍作業，如果你告訴他你的心願，也許他會答應幫忙。我只是大概先跟他提一下。」

於是，我帶著那台顯微鏡，將最低限度的衣物用品塞進背包裡，展開了我一人的環遊世界之旅。

其實，心中滿是不安。

不過，應該沒問題的。不，我給自己加油，一定不會有問題。

從我想討心愛女友歡心的角度來看，挖寶石就是我這次環遊世界之旅最重要的目的。但其實我希望能在步入下一個人生階段前完成另一個夢想。

我想在所到之處跳舞，並且拍成影片留念。

畢竟從沒有舞者做過這種事。

我打算對於半途而廢、並沒有完全燃燒殆盡的舞者夢想，趁這個機會做一個了結。

當我一滿三十二歲，也就是二〇一〇年十二月，我便踏上環遊世界之旅。示現畫老師畫的那幅畫，當然收在背包裡。

在泰國轉機，飛往斯里蘭卡。

我的身分是護送顯微鏡的親善大使，享有三天的招待時間，可以住免費飯店，還配有司機、翻譯，帶我四處觀光。一到斯里蘭卡，我馬上拜託蘭傑特先生，告訴他我想去挖寶石。可是，他想都沒想當場拒絕我。

他說，採礦作業地點非常危險，無法保證我的安全。

「我不怕危險。我一定要去挖寶石。」

一旦我錯過有司機、翻譯的三天黃金時間，就再也沒有任何機會。所以我一直拜託他。

我請他先帶我去礦山，到了那裡再討論看看該如何做。

然後，車子朝內地駛去，開了十個小時的車。抵達地點是名叫拉特納普勒（Ratnapura）的農村。為了明天有體力工作，決定在此住宿一晚。翌晨抱著不安的心情朝挖礦現場出發。挖礦地點在叢林正中間，那裡還有一座工寮，這座工寮就是採礦所。

我們要沿著像井的縱穴降到下面，好像是在下面挖沙。雖然有梯子，卻是用繩子將竹子綁在一起的簡易竹梯。我們抓著竹梯，慢慢往下走。

看著眼情景象，我也忍不住打哆嗦。結果翻譯又補上一句：「這裡水很多，非常危險。我無法擔保你的生命安全。」

這下子該怎麼辦才好？要放棄嗎？不行，為了未婚妻，只好硬著頭皮做了。

我心意已定，脫掉上衣，赤裸上身。

沿著縱穴往下走，感覺自己像身處好幾公尺深的洞裡。抵達最下面，四周一片黑暗，有一條小路筆直延長著。在洞底只能一直彎著腰前進，然後發現還有兩名工作人員在那裡。空間很小，才三個人就擠滿了。光源只有一顆電燈泡。工具是約一公尺長的鐵棒，朝著側壁的土掏挖。

洞裡面比想像還悶熱。濕度也很高。

挖到一定份量的沙土後，將沙土裝進袋子裡，再拿回地上，將沙土倒在簍子裡。再放在水裡將細沙洗掉，再用手去撥弄簍子裡剩下的石塊，檢查有沒有紅寶石混在其中。結果並沒有紅寶石。

於是，再下去洞底，掏挖沙土。將沙土搬到地面，放進簍子裡水洗，找看看有沒有紅寶石。沒有就再下去洞底，不斷重複這些步驟。

我是第一次向神祈禱。祈禱能挖到紅寶石。我從未像這樣虔誠地求神，很渴望能成功。

體力畢竟有限，看來今天是挖不到紅寶石了，正想放棄時……掏出像小指指尖大小的紅寶石。

「挖到了！」

我不敢相信這是真的，不停地確認眼前的寶石是否是真的紅寶石。原本整個人都累癱了，這會兒就像做夢般，完全無法壓抑內心的悸動，開心地跟一起工作的斯里蘭卡人抱在一起。

後來有人對我說：「能否挖到寶石完全看運氣，你能第一天就挖到，真是奇蹟啊！」

我帶著那顆紅寶石離開了斯里蘭卡，朝下一個目的地前進。

我真的作夢都想不到，能夠親手挖到紅寶石。

那一刻我相信真的有神的存在，只要有堅定信念，就能開出一條路。

這份信念不要只是擺在自己的心裡，自己高興就好，跟別人分享很重要。

我深刻體悟到這個道理，以後我也要常常跟別人分享夢想。

19 巡看世界就是在發現自我

我小心翼翼帶著挖到的紅寶石，繼續旅程。

雖然出發前大致想好要去哪些地方，但還是會視當天的心情或因在當地結識的人的建議，突然改變行程。這是一趟自由之旅，看似安排好了，也好像漫無目的。

不過，有件事絕對要做。

就是在所到之處跳舞，然後拍成影片，留下我的舞者軌跡。

在斯里蘭卡時，我在挖到寶石的拉特納普勒和錫吉里耶（Sigiriya）完成跳舞夢想。

錫吉里耶是一座矗立於叢林中的高岩山，以前在山頂上有座王宮。站在山頂上可以俯瞰遠方的整座叢林。我邊欣賞眼前美景邊跳舞，真的暢快極了。

接下來我在新加坡轉機，飛往阿拉伯聯合大公國的杜拜。這座位於沙漠中、由許多號稱世界第一的建築物組成的現代城市，依舊保留著很有復古風味的清真寺。我也在這裡跳舞。

我是當天才決定住宿地點與移動方式。我憑著一口破英文和肢體語言行走各國，當然會遇到許多難題，這些難題也算是旅遊的樂趣之一，我完全樂在其中，也慢慢習慣一個人旅行。

打算從杜拜飛往埃及時，到了杜拜機場竟被告知我預約的飛機日期是前一天。因為我算錯時差，機票就這麼浪費了。

當時我心裡很慌，又想去埃及，卻把日期搞錯了，我試圖用僅知的英文單字和肢體語言傳達我的意思。

結果，好像是埃及航空某位長官級人物出來對我說：「怎麼了？有什麼問題嗎？您這邊請。」把我帶到另一個房間。

我再度試圖以英文單字和肢體語言說明時，他問了我：「為什麼來這裡旅行呢？」我不曉得他是不是聽得懂，就用英語劈哩啪啦地說出我的夢想。還送他我從日本帶來的伴手禮。最後他可能聽懂我的意思吧？對我說：「我懂了，我明白了。這張機票就送給你。」

他是說要送我飛往下一個目的地埃及的機票嗎？而且還給我VIP待遇，送我到機艙內搭機。

我每天都會碰到問題，但是很奇妙地，一定會出現貴人相助。

外國人都是這麼和藹可親嗎？日本人比較冷漠嗎？

不對，我在日本的時候，應該也遇到許多貴人，只是我沒有察覺到，沒有發現這些人的親切與和善，因而錯過寶貴的緣分吧？我要好好反省過去。

到了埃及，當然要在吉薩（Giza）金字塔前跳舞。

到了土耳其，我在卡帕多奇亞（Cappadocia）的奇形岩石前和伊斯坦堡（Istanbul）跳舞。

我安裝了小台錄影機，自拍跳舞影片。當我在伊斯坦堡開始跳舞自拍時，出現一名年輕男子，他說要幫我錄影。剛開始我怕被騙，對於陌生人的好意都抱持高度警戒，但後來也漸漸能接受陌生人的好意，不論走到那裡，都會遇到這樣的好人。路人看見我在跳舞，會很驚喜地朝我走來，並說：「好厲害！」佇足欣賞。不管在哪裡跳舞，都能贏得如此善意的回應。

義大利的羅馬競技場觀光客非常多，我不想太引人注目，就躲在路邊跳舞。在梵蒂岡停留的時間太短，沒有時間錄影。

後來，我繼續在歐洲旅行，待在希臘時，在雅典的衛城和浮出於愛琴海的聖托里尼島跳舞錄影。到了德國，我在聳立於巴伐利亞（Bavaria）的新天鵝城堡和慕尼黑（Munchen）的足球比賽專用球場、安聯球場（Allianz Arena）前跳舞。因為我念小學時，一心想成為職業足球選手，所以一定要在這個足球勝地跳舞。

在法國，我在夜間的巴黎艾菲爾鐵塔前熱舞。在閃爍白光的霓虹燈跳舞，宛若幻境。後來又到距離巴黎六小時車程的聖馬洛灣，在沿岸的聖米爾歇山（Mont Saint-

Michel）跳舞。

接下來來到了美洲大陸，在南美洲秘魯時，我從首都利馬（Lima）飛到庫斯科（Cusco），還去了印加帝國遺跡馬丘比丘（Machu Picchu）。還爬到可以從上面俯瞰馬丘比丘的卡納比丘（Huayna Picchu）。有的人來到高海拔地方會出現高山症，但我完全沒有症狀，自在開心地跳了舞。

後來飛到美國。我也在紐約自由女神像前、時代廣場、布魯克林橋邊跳舞。在我當舞者的時候，就非常嚮往紐約。當我親眼看見國中、高中時期，家裡那個快被我看到破損的知名黑人歌手音樂錄影帶中的景觀時，內心興奮無比，感動莫名。

這一刻，我清晰地感受到當時我是多麼嚮往紐約的心情。而且，想成為舞者所殘留的熱情餘燼終於燃燒殆盡，不再有遺憾。

接著來到從二十幾歲開始就經常造訪的印尼峇里島，在二〇一一年二月回到日本。

三個月時間我遊走十五個國家，也算是繞行地球一周。接觸了各種傳統文化，以及經濟動脈。

對於這一切，我充滿敬意。每個國家的風景，人們的和善都深深感動著我。

以前總覺得生活就是這麼理所當然，這時候我才明白並不是這樣的。

在國外，沒有人認識我，也沒人見過我。我也不需要在意任何人。我未曾有過這麼長面對自我獨處的時光。對我的人生而言，這是非常珍貴的時光、寶貴的經驗。

出發前相當不安，但總算憑自己的力量完成三個月的世界之旅。我也因此更有自信。

一定會有貴人出現，助我一臂之力。

一定會有值得珍惜的美好邂逅。

在旅途中也不能忘記在日本一直為我加油打氣的那些好朋友。

這趟旅行讓我體悟到許多事情。

回國後立刻跟女朋友結婚。在婚禮上戴上讓她驚喜的紅寶石戒指。

因為那時候 CoCo 壹番屋宗次先生的一番話，我完成環遊世界的夢想。「趁年輕時去看看這個世界吧！」這句話真是意味深遠。

環遊世界一周，我才知道這個世界存在著各式各樣的價值觀。

正因為年輕，才能完成這個有點無厘頭的旅行。

離開同伴和朋友，才可以真正面對自己。

20 相信奇蹟會發生

這次的旅途發生了一件讓我人生大改變的邂逅。

當時我要從義大利羅馬到希臘的雅典。

那時希臘正面臨財政危機，銀行被封鎖，街道上到處都是罷工人潮、示威人潮，連電車也停駛。

我使用當時盛行的社群軟體mixi，搜尋能提供各國訊息的人。雖然我人已在希臘，還是要找懂日文的人，蒐集從羅馬到雅典的方法，詢問有沒有安全的地方。

唯一一位給我回音的人告知非常詳細的情報，她清楚地告訴我：「○○是危險的」、「最好不要去這些地方」等資料。

多虧有她，我才能安全行走在雅典。如果可以，我很想當面致謝，於是傳了邀約見面訊息給她，可是對方立刻拒絕。她回我：「我得工作，沒時間。」

過了三天，我在雅典街頭閒逛時，那個人透過mixi給我訊息：「如果是今天傍晚，我可以跟你見面，不過，時間只有一個小時。」

抵達見面地點，來了一位帶著兩名約六歲、七歲小孩的女士。那位女士是日本人與希臘人的混血兒。

這就是我結識艾菲女士的經過。

當我們互道彼此過往的人生，兩人之間的隔閡打開了，我們可以說是無話不談，後來我還跟她的孩子去遊樂園玩。當天晚上我們一起共用晚餐。

我原本就計畫翌日要前往聖托里尼島，預定搭乘隔天早上五點出發的渡輪，晚餐後我跟艾菲女士說：「希望哪天還能再相遇」，然後就此與她道別。

出發後，渡輪駛過矗立於碧藍愛琴海海面的各座島嶼，過了六七個小時，在中午十二點左右抵達聖托里尼島。

我的手機響了，是艾菲女士來電。

「昨天有件事忘記跟你說。明天，我可以去聖托里尼島找你嗎？」我不曉得該不該答應她，只好這麼說：「我會待在這裡三天，然後再回去雅典，到時候再見面也可以。您特地過來，會不會太辛苦了？」

「其實，我已經買好機票了，我明天會去找你。」

這下子更讓我覺得怪怪的，可是，也找不到理由拒絕她，就只好等她來囉。

翌日十點，她真的來到我下榻的飯店。我們在飯店附近的咖啡廳聊天，淨聊些無傷大雅的話題。就這樣過了兩個小時，她還是沒有告訴我特地來找我的理由。

突然她起身說：「我們去外面吧！」就快步走出咖啡廳。

聖托里尼島是一座美麗島，藍頂白牆建築物搭配碧海藍天，真的美不勝收。我想起來以前曾在明信片看過這樣的景色，然後就忘不了，在心裡對自己說，以後一定要來這裡觀光。我目不轉睛地欣賞著身旁的美景，同時還要追上在漫長石磚路上快步前進的艾菲女士。

大概走了十分鐘，她突然停下腳步，對我說：「我們坐在這裡聊天吧！」

我就坐下來，眼前是一望無際的海面。有船隻浮行於海面上，可以看見船的前方有兩座島。景色真美。

咦？怎麼覺得眼前的景色似曾相識……這是怎麼回事？

難道是那幅畫，我趕緊翻開背包尋找。這是我出國前，示現畫老師畫給我的畫。跑去哪裡了？啊，找到了。

我拿出來對比，畫中景色跟眼前景觀幾乎一模一樣。

「就是這個！」

我忍不住大叫。

畫裡有石磚路，路邊坐著兩個人。難道這兩個人就是我和艾菲女士？

海面有行走的船，連行駛方向都一樣。

對面有兩座島，兩座島的疊合方向跟畫中完全一樣。島上有旗杆。

艾菲女士一臉詫異地看著我。我將示現畫老師對我說的事告訴她。老師說過，當我看到這番景色時，會接收到重要的訊息。艾菲老師看著眼前景色，點點頭靜靜說道。

「原來是這麼一回事。我終於懂了。我本來也是想不通，剛聽你說就知道是怎麼回事。其實我昨天醒來時，神告訴我，要我去聖托里尼島。還說，我去了就知道了。」

當下整個人起雞皮疙瘩。

我從未有過如此靈驗的經驗。

不過，真的有這種事，而且就發生在我身上。

21 與愛的傳送者相遇

後來，艾菲女士突然冒出「愛」這個字。

艾菲女士的母親是日本人，來歐洲旅行時，認識了一名希臘男子。雖然兩人語言不通，還是墜入情網、結婚。那位希臘男子就是艾菲女士的父親。

雖然語言不通，只要有愛，就能夠心意相通。愛的力量就是如此強大。

世上災難頻傳，就是因為缺乏愛的關係。

這個世界的所有東西，全是因愛而生。

透過愛、感受愛，所有你想做的事，想完成的目標，所有的希望，都可以達成。

愛就是能量之源。

世上力量最強大的就是愛。

感恩之情也是因愛而生。

儘管人生不如意事十常八九，還是要懂得感謝，因為曾經歷過去的事，才能有今天的我。

艾菲女士用我能懂的話，具體且清楚地解釋愛這件事。

然後她從包包裡取出一本書《The Power 力量》。

「我想說的，書裡有詳細的記載，請你有空看一下。」

不過很遺憾，那是一本英文書，我根本看不懂（笑）。

就這樣艾菲女士跟我聊了兩個小時關於愛的話題，然後她就回去雅典。

當時我恍神了一陣子，許久無法思考。示現畫老師預言的事真的發生了。我現在所在的地點跟那張預言畫一模一樣。

艾菲女士突然來到我面前。就如老師當初所預言，真的有一位比我年長的女性帶來了重要訊息。

總覺得有什麼事正在發生。

我確實會常常懷疑「愛」這件事。

「請用愛對待人。」

「愛非常重要！」

「經營公司必須有愛。」

「你就是缺乏愛。」

過去前輩給我的建言中，常常會提到與「愛」有關的話語。然而說真的，我自己完全不知道什麼是愛，對愛是一無所知。

二十四歲時，我跟那位衝浪社長才剛認識，某日早晨他突然打電話給我，對我說：「你以後要成為愛的傳送者。因此，你要好好研究愛這門學問。現在你可能聽不懂，以後你就懂了。」

當時想，他為什麼這麼說？他是不是搞錯了什麼？我的愛情運一向不好，怎麼會跟我談「愛」呢？

這一刻我才知道，所有的事都跟那天有所關聯。

我的人生中缺乏的部分是什麼？

未來我該擁有什麼？

從事資源回收業的意義？

人與人溝通時最需要的東西？

答案就是愛。

可是，我並沒有完全懂，心裡還有疑問，決定再去雅典找艾菲女士問清楚。我造訪艾菲女士的家，問候她的家人後，才離開雅典。

旅遊結束，回到日本，我再次拜訪了畫出神奇示現畫的靈媒老師。跟她報告在聖托里尼島的事，再一次拜託老師幫我預言。

老師說：「有一天你會跟她合作做某件事。」

這次環遊世界之旅最大的收獲是那顆紅寶石，還有結識艾菲女士。我也漸漸明白艾菲女士送給我的關於愛的訊息的意義，後來「愛」成為我的判斷基準。然後很神奇地，我的事業和人際關係都有了巨大改變，變得比以前更順利。

回國一年後，《The Power 力量》日文版問世。

即使是現在，我仍時常拿起這本書閱讀，回想艾菲女士的話。

後來，某位我認識的護膚中心老闆娘找我諮商，因為這個機緣，我成立以男性角度傳授男女溝通技巧與愛情的講座。這個講座就是後來紅遍全日本的「旺夫講座」。

我的兩個小孩的名字裡都有「愛」這個字，在成立公司時，我也毫不猶豫取了「愛」這個字。

所有的一切都與艾菲女士的訊息有所關聯。

這麼做的我，是一個擁有「愛」的人嗎？

「愛」就是招來好運的法則。

22 人際關係中有一股看不見的力量在引導著

靈療師姊姊可以說是我和妻子的媒人，因為她帶我去買快樂套餐，我才能認識現在的妻子。示現畫老師準確預言我會在聖托里尼島認識艾菲女士，並且會接收到重要的人生訊息。

然後，我就有了靈能的體驗。不過，我並非熱衷靈能之事。

最初是因為我認識許多公司社長，當中有的人個性幽默，喜歡好奇事物，因為認識算命很準的老師，就問我要不要去試試看，他們也經常介紹算命師給我，所以才會接觸這個領域。

既然有人介紹，我是不會拒絕的。心想就試試看吧！

因為想回報介紹者的心意，而且沒有去試試，也不曉得是怎麼一回事，總之，就先去看看再說。

結果，很奇妙地，遇到的人都很合拍。

對方總說：「你這個人真有趣」，然後我們就成為好朋友。

後來我也會不時拜訪，對他們傾訴我的心事，最後反而變成他們在擔心我，時常問候我，友誼就這樣繼續下去。

在我買了和紙店的快樂套餐後，馬上就認識現在的妻子；靈媒老師畫的示現畫，竟然是預言我在聖托里尼島會遇到的事。因為這些事情，讓我相信冥冥之中似乎有某種力量在運作。

我並不迷信，也不想過度依賴靈能之事。

可是，我深切相信宇宙間有股看不見的力量存在。

23施於人，就是施於己

二〇一一年春天某日，後輩有事相託。

「我的朋友半身不遂，我很擔心他。可以請前輩看看他，並給他開導嗎？」

面對因半身不遂而困擾的人，我該說什麼話才好呢？

可是，我不能拒絕後輩的請求，就答應他去看他的朋友。

儘管內心忐忑不安，但是絕對不能表現出來。只好強裝開心，盡量營造開朗的外在形象，朝約定的地點出發。

到了目的地，看到一位臉上笑容比我表情更開朗的年輕人，他舉起一隻手揮手，拖著一隻腳朝我們走來。這個人就是後輩的朋友。他說自己叫出久（日文讀音為DEKU），把自己比喻為一無是處、老是被人操控的木偶傀儡（木偶的日文讀音也是DEKU）。

一開始出久就聊到他的病況。有一次跟朋友出遊，在回家途中毫無任何徵兆竟腦出血昏倒，等他醒來時人已經躺在醫院的病床上。同時還被告知左半身麻痺。出久說他才二十六歲，得知自己病況的那一刻，就像掉入黑暗深淵，內心的不安快要壓垮他了。這麼年輕竟半身不遂。甚至還想過，乾脆死掉算了。

鄰床是一名臥床的男病人，那時候男病人的太太對他說。

「你的情況算好的，至少右半身還能動。」

這句話讓他當頭棒喝。

他忽然白他並不是一半的身體不能動，而是還有「可以活動的半邊身體」。從那一刻起他就轉念，也再度充滿活力。

出久的故事讓人感覺到滿滿的正面能量。

我本來是要給他加油打氣，結果卻變成我被療癒，他送給我滿滿的能量。

我們聊得很開心，也互訴彼此的夢想。我告訴他「未來要出書」的計畫。

那一年日本發生三一一大地震，出久參與義工活動，負責為東北地區的身障中心募款的事務。他是因為這件事想找我諮商。

「下星期在購物中心有募款活動，我現在需要一位在活動中扮人偶的人員，不曉得您有沒有認識適合的人。」

我馬上說，我可以接下這個工作。我會答應他，因為我真的很想幫出久的忙，但其實還有另一個原因，我覺得扮人偶好像蠻好玩的，想嘗試看看。

當天，我這位人偶是現場極受歡迎的人物，募集了許多錢。我真的開心極了，也讓我體會到當志工的魅力。後來，我也以出久負責的慈善活動工作人員身分，加入這個團隊。

就這樣，我跟出久成為好朋友。

過了幾天，出久來電。

「我今天以志工身分去大學，認識一位作者，下次介紹他給你認識！」

出久竟然記得我的夢想。

沒有等到一個月，這個約定就實現了。

那位作者是野澤卓央先生，當時他的書《改變一生的小竅門》剛剛出版。當時野澤先生每天透過網誌發文，他把創造幸福人生的重點和實踐方法統稱為「小竅門」，天天發表文章與大家分享，而造成轟動，被喻為「小竅門專家」。到目前為止已經出版好幾本書，日日更新的網誌早已超過四千天，現在於全國各地舉辦的讀書會——「竅門補習班」廣受歡迎，不論在哪個地方舉辦，都是嘉賓滿座，也有許多忠實粉絲，追著每場讀書會到處跑。

我們約好在岐阜縣大垣市的咖啡廳見面，我緊張到渾身發抖，但還是赴約，見面後發現對方個性開朗直爽，加上我們年紀相仿，馬上就成為好朋友。他要我稱呼他的小名阿卓就好，從那天開始，他也以小若的暱稱叫我。

「小若，可以跟我分享你過往的人生故事嗎？」

當時我心想，我有多久沒有去回想小時候的事了，於是我邊回憶，邊與他分享我的過去。

夢想成為職業足球選手的小學時代、因為生病只好放棄足球夢的經過、一心一意要成為舞者的時期、當業務賺了很多錢，但是負債卻比賺得還多、成立資源回收公司的經過，還有 CoCo 壹番屋社長的故事、環遊世界的事情等等，全都跟他分享。

阿卓面帶微笑聽我說完，然後他說。

「你的故事精彩有趣。你一定要跟大家分享。下一次要不要跟我一起辦演講？」

我一直對演講有興趣，當時他邀請我演講，心裡雖然是有點猶豫，但最後還是答應他。

一個月後，我和阿卓、出久在大垣市的 Sofopia Japan 多功能會堂辦了演講，當時聽眾多達兩百人，這是我的演講處女秀。

後來接到來自全國各地的演講邀約。我們三人就一起去東京、大阪演講。同時，有許多好運與美好的邂逅也接連降臨。

跟各位分享一則我的演講趣事。

我有點暴牙，我一直很在意這件事。演講要發言，講沒多久就覺得牙齒很乾。每次中途要喝水時，我就會跟聽眾說：「我的門牙很渴，不好意思讓我喝個水。」說完大家都會哄堂大笑。一開始我不認為這是一個很好的笑點，但因為很合大家的心意，所以我常會用自嘲的方式來博君一笑。

連阿卓都說很羨慕我有這樣的素材可用（笑）。

因為有了這個經驗，讓我慢慢學習到也領悟到如何擬定演講稿、說話方式、分段落的方法、讓聽眾悅納的方法。

後來，我有更多機會當阿卓的幫手，陪他到處演講，也接到來自全國各地的演講邀約。我能成為演講者，一切都要歸功於阿卓，很慶幸能認識他。

跟別人分享夢想，會讓你實現另一個夢想。

我的夢想是跟人分享我的人生經驗，希望能為人帶來正面能量。

邂逅是改變人生的機會。

現在你付出的，未來一定會回報在自己身上。

24 謝謝您們把我生下來，謝謝您們養育我

當我有機會上台演講，才體認到自我成長的重要性，於是到處聽演講學習、磨練。看見台上演講者安然自若、口若懸河地在眾人面前演講，希望自己也能跟台上的人一樣。

有一次在某場演講聽到的內容讓我深受感動。

「我要問大家一個問題。認為要感謝父母的人請舉手。」

當然要感謝父母，這是天經地義的事，我當然要舉手。

現場的人也跟我一樣，幾乎每個人都舉手。

「那麼，我再問你們一個問題。曾經對父母說，謝謝你們生下我，謝謝您們養育我的人，請舉手。」

這一次我沒有舉手。

現場的人也跟我一樣，沒有人舉手。

台上講師繼續說。

「照常理來看，雙親會比自己早離開人世。我不知道現在的你是如何看待自己的父母，可是，你是託雙親之福，才能出生在這個世界。你的母親可是冒著生命危險般的痛楚，才把你生下來。她一定是熱淚盈眶地抱著剛出生的你。你的父親也一樣，小心翼翼地將剛出生的你擁在懷中，且淚流滿面，接下來的日子為了你從早到晚努力工作賺錢。」

然後，講師問我們。

「無法對雙親說聲謝謝您們的人，能夠成就大事業嗎？」

當下好像有根鐵搥重敲我的頭，大受衝擊。

我從未想過這個問題。
我認為父母為我做任何事，本來就是理所當然，而且我還會反抗父母，抱怨他們。這一刻我才發現，原來自己是如此不孝。
聽了這個演講，大概過了幾天，我第一次約雙親一起用餐。想在氣氛好、環境佳的餐廳用餐，並對他們致上感謝之意。
我老是給父母添麻煩，也花了他們很多錢。這個從未盡過孝道的兒子突然要對父母說謝謝，光是想像這樣的場景，聲音就忍不住顫抖起來。
眼前的餐點明明很美味，我卻食不知味。時間就這樣一分一秒地過去。
最後一道菜上桌時，我終於鼓起勇氣開口。
「突然這麼說，您們可能會嚇到。」
我已經緊張到無法控制，心跳聲直衝大腦。
「媽，謝謝您生下我。爸爸，謝謝您養育我。能當您們的孩子，我覺得很幸福。」

我永遠忘不了那一刻的雙親表情。

對於我的突然告白，他們應該有被嚇到，同時，我看到眼淚在他們眼眶打轉。

「你突然叫我們出來，還以為你是不是又要跟我借錢。」

父親笑著對我說，母親也跟著笑了。

這時候，我覺得很安心，感覺有股暖流升起，僵硬的身體也放輕鬆。

後來的日子並沒有太大的改變，可是，我發現母親比以往更常打電話給我，跟父親見面時，彼此也有更多話題可聊。

感覺原本矗立在親子之間的牆被開了一個洞，有陽光灑進來。

雖然沒有年年辦到，但是我終於敢在雙親生日時，透過信件或簡訊，對他們說聲「我愛您！」

為什麼我從未向父母表達我對他們的謝意和愛意呢？這麼簡單的事，以前卻從未想過去做，可是，實際要說出口時，卻覺得障礙重重，難以啟齒。如果我一直沒將我的心意傳達給父母知道，萬一哪天他們出事或不在了，不就來不及？不就會懊悔一輩子？一想到此，不禁全身打冷顫。

我能及時對父母說愛，真是太棒了。

我現在是兩個孩子的父親，對孩子的愛是一天比一天壯大。雙親當初是以什麼樣的心情對待我呢？現在的我終於明白。

每當我明白時，對於雙親的感謝就更加澎湃。

如果沒有雙親的愛，我就不會降臨在世上。

無法親口向近在身邊的父母致謝的人，是無法成功的。

當我親口致謝後，我更是強烈如此認為。

當我也為人父母後，感受更深刻。

25 只有你自己在已開闢的道路上前進

宗次德二先生那句「趁年輕時去看看這個世界」激勵著我，讓我真的實現環遊世界的背包客之旅。

同時他的另一句話也在我心中烙下深刻的記憶——「將你的故事寫成書」。

作者身邊總是會有許多作者朋友。

因這個緣故，我認識了翡翠小太郎先生。

翡翠小太郎先生被喻為「天才廣告文案撰稿人」，信奉「改變觀點，人生也會跟著改變」的人生信條，以追求幸福人生為己志的暢銷作家。他的處女作是《3秒變快樂的名言處方》（《3秒でハッピーになる名言セラピ》），爾後每年出版的書都是超級暢銷的作品，稱他是暢銷作家完全名符其實。

其實，我的故事有被寫入在翡翠先生的著作《〇・一秒，把「最糟」變「最好」：讓人生快樂一〇〇倍的思考方法》（《ものの見方検定——「最悪」は〇・一秒で「最高」にできる！》時報出版）當中。

翡翠先生把我演講時自嘲自己是暴牙的笑話寫進他的書裡。

而且，我的故事單元下一頁記載的是矢澤永吉先生欠債三十億日圓的故事。翡翠先生這樣的編排，讓我覺得自己透過這本書，可以跟讓哭泣中的孩子不再哭鬧的超級巨星矢澤先生一起同台演出。

這本書出版時，在居酒屋就有人問我：「你就是翡翠小太郎先生書裡寫的那位小若先生吧？」

還有人以羨慕的口吻對我說：「有暴牙真好！」（笑）

雖然是玩笑話，但在那一瞬間確實讓我產生自卑情結也能變成優勢的想法。

我的故事被人寫在書裡，讓我有著未來要出書的夢想第一階段已經實現的感覺，真的非常開心，覺得整個人要飛上天了。

我買了五十本書，分送給身邊親朋好友，後來不論我去哪裡，也會介紹這本書，光是這樣，累計下來也已經賣出超過一百本。

我真的想不到拿自己的缺點當話題分享，竟然會被刊登在暢銷書裡，真的是世事難料。

後來翡翠先生出版的暢銷書《如果你覺得人生無趣，那是因為你自己就是個無趣的人：一秒改變世界的七十個答案》（《あなたの人生がつまらないと思うんなら、それはあなた自身がつまらなくしているんだぜ。一秒でこの世界が変わる七十の答え》）也刊登了我的兩則故事。兩則故事就是對我關照有加的衝浪社長的故事，以及環遊世界時在希臘發生的事。（※不是聖托里尼島的故事，請各位一定要看。）

這件事情讓我變得超有自信。

接下來我一定要把我的故事寫成書。
環遊世界時，我就有想過要出書。
當你擁有夢想，要勇敢說出來與人分享，如此一來前面的路就會自然開展。
出書這件事也是因為我有與人分享，所以才能成功實現。
跟我分享夢想的那個人，他會將我的夢想記憶儲存在他腦海裡。
然後，有一天當他遇見某個機會，想起我的夢想，覺得對我有幫助，就會幫我牽成。
我是何其幸運啊！
因此，當某人與我分享他的夢想時，我也會想助他一臂之力，幫他完成夢想。
然而，就算有人幫你鋪橋帶路，最終還是要靠你自己去完成夢想。
只想依靠他人，終究只是原地踏步，無法成功。

Phase 4

創業精神，就是勇往直前

26 不是存錢，而是存人脈

當我完成一個人環遊世界的夢想後，馬上回到工作崗位，繼續資源回收的事業。因為工作關係，我認識某家信用合作社的分行長，還有幸與他聊天。能跟銀行分行長聊天，這可是千載難逢的機會。為了往後的人生著想，我想向分行長請教關於「理財」方面的事，於是便單刀直入問他。

「您對金錢，有何看法？」

當時這位分行長這麼回答我。

「我覺得不用存太多錢，如果可以的話，要多存人脈。」

「您是說，比起存錢，不如存人脈嗎？」

我第一次聽到「存人脈」三個字，覺得很疑惑，腦子裡頻打問號。分行長看我一臉茫然，便再詳細說明。

就算拚命存錢，到頭來也只留下錢。只是存錢並不會帶給我們任何東西，即使死了，錢也帶不走。所以，存錢只要存夠用就好，錢最好用在身邊人身上，用來幫助人。如此一來，當自己遇到困難時，就會出現貴人援助，而透過人脈，工作和好運會自動上門。

這就是能讓人生變豐富的「存人脈」。

人才是最寶貴的資產。

我本以為銀行的分行長會說存錢比較重要，但聽到他的這番話，我很驚訝。同時也覺得分行長的「金錢觀」頗具說服力。

後來我為了存人脈，為了用賺來的錢盡量幫助人，每天都跟人碰面，幫助陷入困境的人，並向曾經幫過我的人報恩。

後來我也參與了柬埔寨的慈善活動，很有可能是這位分行長的人脈論影響了我，成為推動慈善事業的動力之一。

關於存人脈的金錢觀，我想再介紹另一個人。

這個人也是我的前輩，不過，從外表看不出他是做哪一行，因為他的額頭是其魅力所在，所以大家都稱他為額頭先生，是名古屋的名人。額頭先生是存人脈高手，堪稱是人脈帳戶大富翁（笑）。

額頭先生其實是保險業務員，可是，從我認識他以來，完全看不出他有絲毫的保險業務員氣息。

他經常幫助人，忙著引薦人們互相認識。

每次跟額頭先生見面時，他都會問我：「小若，有什麼是我能為你效勞的嗎？」並常常給我建言。

額頭先生的身邊全是曾受其恩惠的人，大家都說：「託額頭先生的福，讓我的人生有了大轉變！」我當然也是額頭先生的受惠者之一。

額頭先生為什麼能在適當的時機、引薦合適的人互相認識、並解決他們的困難呢？因為他總是能從交談中得知對方遇到什麼困難，並進一步認識了解對方。

因此，每當額頭先生新認識一個人，就會了解這個人有何能力或才華，馬上就能看出這個人可以幫助到什麼人。經過他的配對，雙方都很開心，每個人都是笑容洋溢。自然他的保險事業就能蒸蒸日上，成為超級業務員。

見識了銀行分行長和額頭先生的人生觀後，我也認為存人脈比存錢重要，開始努力累積人脈。過了一陣子，發現自己的內心好像有了改變。

在這之前我是個毫無自信的人，為了滿足虛榮心和自尊心而揮霍金錢。但是漸漸地我終於能以真心與人交往。

能夠彼此信賴的朋友變多，很不可思議地我也因此變得有自信。現在敢大聲地說：「我的人生已全無罣礙，不論遇到什麼事，都有信心面對與解決。」

當心境改變了，很自然地不會再有任何物欲。想要的東西當然還是很多，不過再也不會想擁有不需要的東西。

我雖然沒有很多錢，但是在需要的時候，都會有剛剛好的金錢出現，解我燃眉之急，這都是託人脈存款豐沛之福。

只有我一個人無法成事，但是我的身邊有許多很有能力與才華的人。

不論任何事，只要拜託身邊的人，通常都會成功。

有了這樣的想法，每天都有許多諮商求助的事上門。

而且這些事情都會跟工作有所關聯，讓事業順利發展。

27 榮耀生命而活

公司客戶介紹了在岐阜開業的牙醫師太太給我認識。比起稱呼醫生娘，稱呼她是媽媽會和她的個性更貼切。她常常邀我：「來！一起去吃新鮮的蔬菜刺身！」招待我品嚐鮮採的美味蔬菜沙拉。

第一次到這位媽媽家時，我依舊跟平常一樣，先自我介紹，分享夢想。可能我的話感動了她，她也熱情地跟我分享。

「我想救救柬埔寨的孩子！你願意出一份力嗎？」

在我的詢問下，知道過去十年裡，她每年都高額捐款給柬埔寨的孤兒院，還常常至當地造訪。這間孤兒院裡有三十名孩童，她像疼愛自己的孩子般照顧著他們。我覺得她簡直就是現代的德蕾莎修女。

「每個孩子都好可愛，而且他們都很樂觀。所以我想要幫助他們，這是我的夢想。就跟你夢想成為舞者的心情是一樣的。」

更令人敬佩的是，她的捐款來源全是自己的工作所得。並不是靠有錢的牙醫先生。

看著德蕾莎媽媽提到柬埔寨孩子時的那份熱情，我想都沒想就跟她說：「好！我也想幫助孩子們！」

後來在德蕾莎媽媽的盛情邀約下，我跟她一起去了趟柬埔寨。

老實說，我那時候對當志工是一點興趣也沒有，我之所以答應同行，目的是想參觀世界遺產吳哥窟。

抵達當地孤兒院，孩子們全部集合，臉上掛著耀眼的笑容，還牽著我的手。

我分送從日本帶來的糖果給每位小朋友，他們並沒有全部吃完，而是分一半塞進我的嘴裡。大家都要分一半糖果給我。

我告訴他們「不用分給我」時，德蕾莎媽媽告訴我：

「你跟他們分享，他們會覺得幸福、開心。所以孩子們也想與你分享。」

這些孩子明明吃不飽，卻還是想拿出一半跟別人分享。這一刻不禁讓我再一次認真思考幸福的定義。

在我小時候，學校就在家對面，我卻不想上學。也沒有認真讀書。可是，柬埔寨的孩子們，雖然附近沒有學校，但是每個人都很想上學。雖然大家都是孤兒，還是認真讀書，努力賺錢，想盡孝道。

他們手心的溫度、天真無邪的笑容、體貼的心深深感動著我，讓我一輩子也忘不了。德蕾莎媽媽曾說：「看到孩子的笑容，可以洗滌你的心靈。」當我實際造訪後，我完全能體會這句話的涵義。

我在想，我是不是能為他們做些什麼？
從那天以後，我也想投入志工活動。

小孩子真的很單純，雙眸閃閃發亮。

這些孩子不是遭雙親遺棄就是失去雙親的孤兒。然而他們每個人還是感謝父母生下他們。

看著他們，讓我找回早已遺忘的純真。

我原本是為了幫助他們才來柬埔寨，但想不到卻變成是我得到救贖。

德蕾莎媽媽一定也跟我一樣，在當地負責慈善活動的每位NPO（nonprofit organization，非營利組織）人員都很好，好喜歡他們。這裡的NPO成員主要是由日本女性所組成，大家都是從二十歲左右就住在當地，協助支援活動。雖然工作很辛苦，他們卻甘之如飴，總是面帶笑容。看著以助人為業、活出生命光采的他們，我真的自慚形愧。

一直以來，我都是為自己而活，眼裡只有自己。要努力工作還債、想環遊世界，想存錢。全部只想到自己。

何謂幸福？幸福就是為某人而活的喜悅。

這是我從活出生命光采的女性們身上學習到的生活方式。

28不後悔，在柬埔寨成立學校

然而，不幸的事找上了德蕾莎媽媽。醫生告訴她罹癌，而且只剩三個月壽命。她明明那麼有活力，一直都在幫助別人，這麼好的人怎麼會這樣？

我無法接受這個事實。可是，德蕾莎媽媽卻對我說：

「我不後悔。我是這麼認真地生活，即使我的壽命只是一般人的一半，我卻覺得自己是長壽的人。只是活的時間長，光這樣不足以被稱為是長壽的人。」

對德蕾莎媽媽而言，柬埔寨的孩子是她此生的牽掛，她有一個必須在死前完成的夢想。

「我想在柬埔寨蓋學校！你可以幫我嗎？」

我沒有拒絕的理由。我想跟她一起努力看看。

結果我成為這個計畫的主導人，在二〇一三年提出柬埔寨學校建設企畫案。

我和那位哈雷機車前輩一起負責這個企畫案。還有其他懂我心意的朋友們也給予協助。

雖然企畫案成型了，當我知道蓋學校的最低經費是五百萬日圓時，心裡相當不安。

可是，沒有行動，永遠都不會開始。

因為德蕾莎媽媽只剩三個月壽命。

我跟同伴們分工合作，跑去許多地方。低頭求人家挪出五分鐘時間聽簡報。於是有人捐一萬日圓，也有人捐出十萬日圓，連學生也捐出僅有的錢。

日本人並非是冷漠的。

我辦了活動和演講，希望透過活動讓更多人知道柬埔寨的現況，呼籲大家踴躍捐款。因為我不想留下悔恨，所以拚了命展開行動。

結果，三個月時間成功募集到五百萬日圓，將捐款交給與德蕾莎媽媽交情深厚、由優秀日本女性營運的ＮＰＯ非營利組織，委託蓋學校。

提出企畫案後不到一年時間，學校就落成了。

開校典禮的日期決定好了，德蕾莎媽媽也買好了機票，要跟大家一起飛去柬埔寨。

德蕾莎媽媽看了蓋好的學校照片，病況有所好轉，大家都為她開心，但想不到竟在開校典禮前一週離開我們了。

大家都強烈祈求，希望有奇蹟出現，在心中編寫出最完美的劇本。可是，天不從人願，痛心到無法以言語形容。

從全國各地湧入五百人來到岐阜鄉下，為德蕾莎媽媽靈前守夜。看了這個景象，就會明白德蕾莎媽媽活出什麼樣的人生。

臨終前一天，德蕾莎媽媽對我說：「謝謝你幫我圓夢。」

我很希望她能親眼看見新蓋的學校，可是卻不能，真的很遺憾。

「我了無遺憾了。如果你能幫我讓這個活動繼續下去，我會非常開心。」

德蕾莎媽媽的遺言，決定了我往後的人生。

到現在德蕾莎媽媽已經離開我們七年了，雖然我做得不像德蕾莎媽媽那麼好，但是我跟公司同仁依舊不斷地支援柬埔寨的慈善活動。

每年我都會帶著文具、服裝、足球等物品，飛去柬埔寨分送給五百名學生。因為工作關係，蒐集這些物品輕而易舉，也多虧認同這項活動的朋友們的大力幫忙。

人的壽命有限。

好好過人生，一分一秒都不要虛度。

每次去柬埔寨就會立下新的決心。

支援就是要一輩子給予支持，如果半途而廢就失去意義了。

29 成功關鍵字是「扶持合作」

自從我投入資源回收業，至今已過了七個年頭。

第二年是最辛苦的時期，還沒有闖出任何成果，有一位大型廣告公司的部長看了我的情況，決定轉行下海幫我。相信大家都知道這個人是誰，沒錯，就是那位哈雷前輩（笑）。

很慶幸，他擁有我缺乏的能力，我們兩人是最佳互補拍檔，他是一個非常細心的人。這位職階是部長級的前輩，總是無怨無悔地幫我，託他的福，我才能有今天的成就。在我最困頓的時候，他一直待在我身邊加油打氣，從未離棄我。因為有如此值得信賴的部長前輩同伴，加上信賴的共事同仁，我們在二〇一四年四月二十七日成立公司。

公司名稱是「和愛集團株式會社」。自從在聖托里尼島巧遇艾菲女士後，我深信「愛」的力量，所以決定在公司名稱裡加入「愛」這個字。

公司經營理念是「打造人與物的幸福空間」。

這句話的意思就是「我們會與共事的同伴一起學習、互相扶持、自我提升、共創幸福，為創造愛與和平滿溢的未來而努力。」

關鍵字就是「扶持合作」。

單靠一個人的力量，許多事無法辦成，我自己有擅長的部分（凸部），也有不擅長之事（凹部）。這個時候如果跟某人共事，將某人與自己的凹凸部分嵌組在一起，建立合作關係的話，會是什麼樣的結果呢？

一定會大成功。

我只是一介凡夫，之所以能創造出超乎實力的成功，就是因為我深信這個道理，還有我身邊有許多想法一致、志同道合的朋友的幫忙。不過，我並非一開始就明白這個道理，是歷經過許多事情才有所體悟。

世上常說：「與人合夥創業不會成功，最好打消這種想法。」其實過去也有許多人對我說過。大概因為如果創業成功，就會搶功；如果失敗就會彼此推卸責任，所以才會不看好合夥創業。

可是，這種事情不是只在職場有，如果套在婚姻生活裡，那麼婚姻也無法長久。因為能力和個性與自己相反，可以互補，如果能彼此合作，同心協力，一定能發揮一加一大於二的能力，建立美好的互助關係，同時也會彼此尊重。

回顧我的過去，不管在哪個時期，都有事業合作夥伴陪在身邊。更巧妙的是，不曉得為什麼許多合作夥伴原本都是小混混（笑）。與我個性相反，且年紀比我年長的人都成了我的事業合夥人。

我自己並沒有意識到，不過，應該是我為了討第一章提過的那位羽球社小混混學長的歡心，在當時所培養的溝通能力讓我能跟個性迥異的人都融洽相處的緣故吧？

而且，像這樣的小混混學長或前輩，多數是很有正義感和人情味的人，與他們共事也特別投緣。

我現在努力培養自己的覺察能力，希望能從平日交談中，察覺對方是否遇到困難或煩惱，有沒有心煩的事。

察覺對方有心事時，我會主動接近他，並盡一己之力予以幫助。然後，不知從何時開始，察覺別人是否有困難，並予以協助成為我的習慣。前輩們認為這樣的我是「洞察力佳的人」、「思慮周到、會為人設想的人」，所以他們都很關照我，也願意貢獻他們的長才助我一臂之力。

我實在很不想提到「雙贏」這個字眼，因為我完全沒有任何私心或企圖，可是，因為我想與人為善、想幫助人的念頭，讓我跟每位前輩都建立了良好的關係。現在想起來真的是非常感恩。

擁有能互相扶持合作的朋友。

回顧過往，雖然有一半的回憶是悲傷的，然而喜悅卻是加倍。

我終於體悟了，單靠一個人的力量，什麼事都成不了。

30 上天賦予的另一個使命

我的朋友當中有一位經營護膚美容中心的女社長。

有一天她找我，跟我說：「我接了一個諮商委託案，是我的客人為愛情煩惱，你來給她指點迷津吧！」

雖然女社長這樣拜託我，但我真能勝任嗎？真的能幫到忙嗎？而且還是愛情諮商委託。女人想找人傾訴時，多數目的是為了找到認同她的人，聽完了沒給建議也沒關係，只要認真傾聽，予以認同，就能讓對方得到抒解。在這種情況下，擁有一定要解決問題執著腦的男人，如果氣勢十足地給予建議，可能反而惹得女人生氣。

我因工作關係，常會遇到家庭主婦類型的客人，經由多年的接觸，讓我學習到為女性解憂的竅門，於是我答應女社長，會跟這位女客人見面。

到了約定的日子，我來到護膚美容中心，一走進店裡，出乎意料的是，現場聚集了二十名左右的女性，而且每個人手裡都拿著筆記本和筆，女社長還幫我準備了白板。

「我很期待來聽大家的故事，但想不到竟來了這麼多人。」

我想像中只是跟幾位女性客人聊天，傾聽她們吐露心事，再予以認同，表示感同身受就好，所以答應赴約，但想不到竟然這麼多人。更讓我訝異的是，女社長還把這次的活動取名為「旺夫講座」！怎麼會取「旺夫」這個名字呢？

可是，我可不能讓護膚美容中心女社長丟臉。既來之，則安之，做好覺悟後就開始了。

我當業務時，有機會跟許多人交談。在交談中我也體悟到許多道理。也活用在演講時學得的技術，憑著這些經驗，我大膽開口了。

在發言過程中，我夾雜著過去的許多經驗和故事，告訴現場的女性朋友，男人其實是很單純愚蠢的生物，很好操控，就請照妳們的意願去掌控男人。我也做好會讓眾男性討厭的心理準備，將絕對不會在女人面前聊的「男人心聲」跟她們說了。

那是一次即興演講，我並沒有事前準備講稿，等我回過神來，竟然說了兩個小時。

參加聚會的女性客人剛開始都有著警戒心，不曉得會聽到什麼樣的內容。但可能因為我的個性關係，讓她們有安全感，也就接受我的話。

有人開心地對我說：「終於聽到平常不可能聽到的建言。」

也有人流著淚說：「真希望能更早聽到這些話。」

因為這場聚會，讓我打響名聲，大家都幫我宣傳，後來接到許多單位邀約，要我以講師身分演講。一年有五十場的邀約，聽眾合計已超過千人。

一般人對「旺夫」的定義，不外乎是指「有幫夫運的女性」。相反詞就是「掃把星」。

日文的旺夫原文是「あげまん」，也有人簡寫為「あげ間」，「あげ間」的原意為懂得察顏觀色的人。會留意人與人之間交往時的情緒氛圍的人，就是我所謂的

「旺夫」。

現今站在社會金字塔頂端的人仍以男性偏多，其實這些人的成功，都是因為背後有一位能幹的秘書或賢慧的妻子。

我在講座中就明白地告訴所有學員。

男人是單細胞生物。掌控男人的訣竅很簡單，不論你面對什麼樣的男人，為他加油打氣，讓他充滿幹勁就對了。

總之，女人會讓男人一百八十度大改變，然後社會也有了轉變。

那麼，究竟我在「旺夫講座」都說了什麼呢？現在就跟各位分享一下。

首先，「旺夫」的人很會稱讚人。她會一眼就看出對方男性的魅力，並且馬上告知對方。她說的話不帶半點虛偽奉承，也絕不是滿口胡言。仔細觀察對方，針對想稱讚對方的部分予以讚賞，這樣的人才稱得上是「旺夫派」。

如果男人繫了新領帶，旺夫的女人會說：「這條領帶顏色真美，很適合你呢！」

如果因為工作多，導致約會遲到，旺夫的女人會說：「公司和同事都這麼需要你，你真的很棒！」

真正的旺夫高手不會只稱讚男人的外表，也會讚賞男人的生活方式或想法等內在層次的部分。

我常跟女性學員說，因為男人是單細胞生物（笑），尤其是聽到女生的讚美時，就會產生「我要變成如她所說的那種人」的心理作用，他會在意女生說的話，然後努力成為她口中的那種人。

想改造男人，對男人有所期許的話，就把妳心目中的理想形象特質說出來，並針對這個特質讚美對方。絕對不能貶低對方。這一招也適用於教養孩子方面。

因為「旺夫的女人」不會吝惜稱讚人。稱讚男人的目的是為了讓男人更有衝勁，願意努力向上，可是別忘了，最後的結果其實是為了自己。

如果稱讚過度，或是只有讚美話語，有的人恐會造成反效果，務必要拿捏得當。

因此，在成為「稱讚高手」的同時，一定也要磨練表達能力，成為「表達高手」。

就算是對方不想聽的話，也要如實傳達給對方知道。

「旺夫族」會擅用「I Message」（第一人稱）的方式來表達。「I Message」就是以「我ㄏ（I）」為主詞，清楚表達自己的感想。

跟妳同住的男人如果把脫下的衣服亂丟不收拾的話，千萬不要生氣對他吼：「脫下的衣服不要亂丟！給我收拾好！」

妳千萬不要責備他，只要將妳的想法告訴他就可以。

「如果你肯幫我把脫下的衣服擺好，我會非常開心！」

這麼說的話，對方不會覺得妳在命令他，更神奇的是，他會聽妳的話，真的把脫下的衣服收拾好。

因為「男人是單細胞生物」，不跟他說清楚，他就永遠不會知道。如果能清楚告知，他一定會有所行動。

總之，「旺夫族」就是「稱讚高手」、「表達專家」、「讓人照她所想而行動的達人」。

如果妳對男人有何要求或期許，就善用「I Message」技巧。

講座內容大概就像這樣。

人類啊，總是想改變別人，想改變眼前情況；可是，事實是你要先改變自己的內心想法，眼前的人事物才會有所改變。

旺夫族理念不僅適用男女關係，也跟人與人的溝通有所關聯，甚至會影響職場關係、親子關係、友誼關係等，會造成全方位的影響。

在我的人生轉捩點，都跟旺夫女性有關係。

帶我去買 Happy Set 的靈療師姊姊、把賓士車說成豐田車的女朋友（現在已成為妻子）、引領我跟 CoCo 壹番屋社長見面的髮廊老闆娘、鼓勵我環遊世界的示現畫靈媒老師、在聖托里尼島給我啟示的艾菲女士、贊助柬埔寨孩童的德蕾莎媽媽等，全都是女性。

在我當業務、資源回收員時，也認識了許多女性客戶。

這些女性客戶是如何改變我的想法，讓我有何改變，我都當成故事跟學員分享。

在講座中，我也會提到艾菲女士送我的那本書《The Power 力量》。旺夫講座的內容，就是我過往人生的經歷與體悟。

在眾多前輩和友人的大力援助下，其中包含我打從心裡尊敬的兩位前輩、以及主打日本最美味飯糰療癒人心的帥哥社長、在背後支持名古屋社長名流人士的旺夫女社長等人，我持續在全國各地傳揚旺夫秘訣。

二十四歲的時候，衝浪社長告訴我：「你要當一位愛的傳送者。」

過了十二年的現在，終於開始行動，實踐當一名愛的傳送者的夢想，事情有如此的演變，最吃驚的是我自己。

受人所託向大家傳播「愛」的真諦，我認為這是上天賦予我的另一項使命。

31 笑著面對人生

這是二〇一五年發生的事，因為公司客戶不履行契約，讓我蒙受有史以來最大的損失。

因為這次事件，還造成許多客戶極大的困擾。當時我的眼前真是一片黑暗。

面對這個我無法獨力解決的大問題，真的是頭殼抱著燒，還要處理造成困擾的客戶的提問，完全沒有多餘工夫處理工作，每天都很痛苦。

當時曾有乾脆就這樣消失的念頭……

某天，我要出門跟某位女社長見面，向她說明事情原委。這位女社長事業版圖涉及眾多領域，其經營理念就是讓女性活出光輝耀眼的人生，大家都叫她娜緹（Nutty）。

抱著委曲求全的心赴娜緹社長之約，已做好被罵的準備，見面後我能做的事就是賠罪道歉。

可是，想不到娜緹社長笑容燦爛地迎接我，並對我說：

「接下來我會是站在友誼戰線，助若山你一臂之力？還是責備你，跟你撕破臉呢？我可以當好人，也可以當壞人，決定權在我，對吧！不過，我選擇站在你這邊，我想幫助你，所以你就抬起頭來，笑一笑吧！」

我萬萬想不到事情會是這樣發展，當場流下淚來。後來女社長跟我交談大約有一個小時之久，她的話語積極正面，不停地為我加油打氣。

當時娜緹社長的情況應該也很糟糕才對，但是她沒有責怪我，而是鼓勵我。

她本來就可以責怪我，但是卻笑著面對這次的危機，還給我溫暖的慰藉。沒有半句責罵，更感動的是，她一直鼓勵我。

之前娜緹社長經常笑著對我說：「我以前也很辛苦，有許多痛苦經驗，但是我全部以笑面對，也就關關難過關關過。現在，那些經歷全都成為跟大家閒聊說笑的話題。」

在那一刻，我更相信她以前說的話是真的。

結果，我再一次被旺夫女性救贖了，也終於找回遺失許久的笑容。

後來，娜緹社長就如她所言，以各種方式繼續給予支持與協助。因此，讓我有了再往前衝的勇氣。

娜緹社長不論遇到任何問題，永遠都是開朗大笑地面對。因此，圍繞在她身邊的人也都是笑口常開，洋溢歡樂氣氛。

「福臨笑門」這句話一點都沒說錯。

我也想成為一笑抵除難題、樂觀積極的人。

32 這麼多好運降臨的理由

常有人問我：「為什麼小若你身邊有這麼多貴人？為什麼好事總降臨在你身上？」

我都是笑著回答：「沒有這種事，不是這樣的。」

可是，老實說，有時候也會覺得自己似乎特別好運。

而且，我清楚知道為何幸運之神總是眷顧我的原因。

以前「小籔門專家」阿卓曾經這樣問我。

「小若，你的祖先，你認識幾位？」

一般人大概會知道自己的祖父輩、曾祖父輩的祖先，可是，每個人的祖先族譜本來就是很多人，無法清楚辨識有多少人。

「如果回溯至十代的祖先，人數有一千零二十四人；如果回溯至二十代，人數多達兩百萬人。這些祖先如果想傳宗接代，靠一個人的力量是不可能的，今天小若你也不會在這裡了。而且，以前的時代生活比現代嚴峻，祖先卻完成傳宗接代的事，光想到這件事，不覺得他們很偉大嗎？」

阿卓又繼續說。

「我認為能夠感念祖先的恩惠，懂得愛與尊敬祖先而活的人，會從祖先那兒得到許多的庇佑與助力。因為他們是祖先，如果特地誠心感謝，祖先多少都會給予庇佑。

不過，哪天小若你也會成為祖先，未來的子孫中若有一個人每天雙手合十，滿懷愛意向您感恩的話，你會怎麼想？你不會特別想幫助他嗎？如果是我，我會那麼做，我會想帶給他好運，幫他招來貴人，讓他順利成功。」

阿卓邊笑邊對我這麼說。

這番話實在太奇妙了，不過，因為出自最喜歡的人口中，很自然地就認同，全都聽進心裡了。

可是，我是個懶惰者，馬上就忘了這件事。人啊，或許本來就是如此健忘。好一段時間都忘了感謝這件事。

有一次因客戶不履約，導致每天愁苦地過日子。當時還懷疑自己是否得了憂鬱症。

因為是現在，才敢說出當時的心情，那時候我可是非常沮喪，誰都不想見，一個人枯坐在公園的板凳上。

就在那時，有一天突然想起阿卓說的祖先的事。

我並不是要依賴神，也不是迷信，但是人到窮途時，什麼方法都想試試，於是來到氏神社（譯註：氏神是指住在同一聚落或同一地區的人們所祭祀的神祇，奉祀氏神的地方即爲氏神社）。

以前每個月一次到熱田神宮參拜，一年一次去伊勢神宮參拜，因為對生意人而言，祭祀之事是非常重要的一環。可是，我從未因個人關係到神社參拜過。

我輕輕地閉上眼睛，雙手合十，照阿卓所言，試著感受祖先的存在，並向他們表達感謝之意。

結果很神奇地，一種從未有過的療癒感包圍著我的身體。

然後從心底湧現出一句話，「沒問題的，不要憂慮」。

從那天開始，每天早上都會去氏神社參拜，雙手合十，向祖先致謝。後來，也對發生在自己身上的所有事懷抱感恩之情。

過了一陣子，身邊的人都會問我：「為什麼幸運之神如此眷顧你，你怎麼都會碰到好事情？」

就算他們沒這麼說，我自己也察覺到，總是有好事發生。而且，所有問題都消失不見，全部獲得解決。

人活在世上，當然每天都會遇到問題或困擾。

可是，每當陷入困境時，很奇妙地在適當時候就會出現救星，在問題還未擴大前就解決完畢。

凡事都會朝好的方向發展，而且情勢扭轉的速度是越來越快。

一切實在太不可思議，也無法以言語說明，但我相信一定是祖先的庇佑，是祖先在幫我。現在我的孩子也會學我，一起雙手合十拜謝祖先。

成為讓祖先疼愛的子孫。

重點就是要感受澆灌在自己身上的愛。

當你察覺到濃濃的愛，自然就會充滿感恩的情懷。

這樣的人一定能得到幸運之神眷顧，永遠只有好事發生。

33 把聚光燈挪向朋友們

二〇一五年，公司的大客戶未履行契約，讓我蒙受有史以來最大的損失，不僅連累其他許多客戶，也害得公司同仁生活在不安當中，日日憂愁。

為了不給公司同仁造成更大的困擾，那時候我已經不去公司，可是，公司業務還是繼續運轉。

當時我強烈以為，不想帶給大家困擾，最好的方法就是辭去社長職務。

我要再度一個人從零開始。

為了告訴大家我的決定，必須去公司。那一天我強裝鎮定，正打算對著大家說：「我要辭去社長職務」時，有一個人舉手發言。

「社長，接下來您想做什麼？現在就請想想，我們可以跟您一起開創什麼新事業？這樣的話，以後我們還是可以天天見到社長。」

這番意想不到的發言讓我震驚不已。因為我原本以為公司再也不需要我了，大家應該也是同樣的想法。

聽了同仁這番話，其實我有點遲疑，後來我都不敢提「我要辭去社長職務」這件事。

同時我的心底馬上湧現這個想法：「為了這些跟我一起打拚、挺過來的同事，我一定要更努力，我想讓聚光燈照在他們身上，讓他們的人生更豐富精采。」

同仁的這番話語讓我體悟到一件事。

我當時可能想逃避現實，不願面對一切。

我對他們說：「一個月就好，請給我時間讓我想一想。」然後就離開公司。

我一直在思考，我能做什麼？我想做什麼？不管睡覺或醒著，都在思考這個問題。也不斷找事業合夥人的部長前輩商量。

我從事資源回收業多年，但有件事讓我想不通。

因為世上有廢棄物，才催生了資源回收這個行業，可是，那些回收物明明還有用處，卻每天都被處置掉，而且每天處置的份量都很龐大。

我每天不停地自問自答：「未來透過這一行，最該做的事情是什麼呢？」終於讓我找到資源回收業的使命。

我的使命就是「減少廢棄物」。

我要斬斷大量生產↓大量消費↓大量廢棄的循環鏈，讓廢棄物重生，賦予新生命，減少垃圾量也是重要一環。為了讓物品能長久被使用，必須下工夫和想點子，讓廢棄物重生。

這就是我今後的任務吧？

還有，我想透過這個事業創造「環保生態：環境」、「環保生態：經濟」的社會性循環，建立真正有益地球生態的環保生活。

用想的似乎很難，簡單地說就是以下三個重點。

讓世上的垃圾變得更少。

讓世上擁有更多笑容。

成立能實現以上兩個目標的新世代回收商店。

這就是我費盡心思找到的答案。

每天都在修磨家具、回收不用的廢棄物，再重新創造出有用的物品。

結果很奇妙地，自己也獲得重生，每天都充滿活力。

34注入新生命、新世代回收商店

我已經把創設前所未有的新型態回收商店當作未來的人生基本路線。
可是，光有想法，是無法完成開店夢想。必須加入更具體的計畫內容。

・店的型態？
・目標顧客是誰？
・提供的服務內容？

我租了位於人煙稀少的偏僻地區的一間倉庫，決定開一間箱型造型的店。
要怎麼做才能讓位於偏壞地區店成為有特色的熱門店？在這種無人的荒涼地點，
該如何招攬顧客呢？

每天都在思考這些問題，而且愈想愈興奮。但同時不安感也愈來愈強大，覺得快被壓垮了。

雖然目標是成立二手商店，但是並不想只是開一間普通的二手商店。如果是一間只賣便宜二手商品，只能吸引喜歡買廉價二手商品的顧客的店，對我而言是一點意義也沒有。因為這種類型的店，在市場上已經有好幾間了。

「注入新生命」是這間店的理念宗旨，我想創建一間專門銷售一般人不要的廢棄物，很有格調與創意的店。

我覺得這個夢想充滿樂趣，也深具社會意義，突然整個人充滿活力。

這間店不僅銷售物品，也是一間推銷人類魅力的店，會定期舉辦活動，如果能成為推廣有魅力的人與物的發表場所，才真正稱得上是新世代二手商店吧？

儘管志向遠大，卻沒有多餘的錢打廣告或請人。剛開始只能以最低成本來進行計畫。

一開始我使用當時正流行的ＩＧ來打廣告。

我善用免費ＩＧ，在開幕前一個月開始發送訊息。

每天都發文，敘述讓我感到振奮的事。

根據以往的經驗，還是開心的事或經常面帶微笑的人才能吸引人潮。因此，我要盡量透過ＩＧ，每天發送會讓人會心一笑的文章。

我的撰文內容並不是以商品解說或宣傳店家為主，而是闡述看見商品時的感想，以及籌措開店時的心境。要費心思的事、回收的社會意義之類的事，先暫時拋在一邊，每天都去倉庫傳達愛意給那些家具。

這個行動竟然消弭了我內心長久以來的不安感，也贏得更多志同道合的朋友。

半年後的二〇一六年四月六日。以「注入新生命」為理念宗旨的新世代二手商店「RE-SQUARE BANUL」開幕了。

店名「BANUL」是取「Breathe A NU Life（注入新生命）」這幾個字的第1個字母而來。宗旨就是為大家提供1個擁有更多美好邂逅與發現的Recycle Square（二手廣場）。

開幕當天收到從全國各地送來的三百多個花籃。不，花籃正代表顧客，那一天整片花海將店覆蓋了。很開心，打從心底感動。

不僅能享受購物之樂，而是一間「與人有美妙邂逅的店」。

對於顧客，我誠心祈願，大家都能擁有遠大光明的未來。

35 內心熱情永遠不滅

剛開幕時，有好一陣子沒顧客上門是很正常的事，不過，後來經營也終於漸上軌道。

透過口耳相傳，加上ＩＧ追蹤人數日益增多，也慢慢帶動來店數的增加。不久，「一點一滴的增加」變成「大量增加」，來客數越來越多。

然而，畢竟是剛開幕，每天就只是擔心，工作也只有辛苦可言。不，比起該採取哪種「經營模式」，我認為以何種心態「面對工作」更重要。也就是說，能不能樂在其中，每天保持愉快的心情工作才是最重要的。

然後，就一直發生如下的事。

當時只有我一個人看店時，萬一有急事，只好把店門關起來，出去辦事。這時我會在ＩＧ留言：「要外出一個小時，暫時關店」，告知客人。結果有客人就留言：「時間很短，我可以抽出一小時幫您看店，請您用我吧！」後來這位客人就成為店裡的兼職員工。

後來也有原本在大企業上班，因為公司減薪決定轉行的朋友對我說：「我也想改變人生，想做些有趣的事情！想在你的店上班。」還有參加店裡舉辦的活動的客人，寫了一篇熱情的長信給我說：「我也想在BANUL工作！」就這樣慢慢有了新成員加入。

在我有困難的時候，在各領域各有專長的夥伴們就在適當的時機伸手援助我，也聚集越來越多的人才，共事氛圍也很歡樂。

於是，BANUL的「事業版圖」逐漸擴展，不斷成長。

這些同仁全是因為想讓人生更精采的原因來到了BANUL。信任共事夥伴，每天一起發送愉快的信息，客人也漸漸從全國各地聚集而來。

有東京和大阪的顧客，經常光顧這間位於愛知縣小牧市偏遠郊區、由倉庫改裝的二手商店。就我所知，店的顧客居住地，最北到栃木縣，最南到大分縣，客人並非相偕相繼而來，全是特地要來看看 BANUL。

振奮人心擁有的能量實在太強大了。

如果有不曉得如何讓自己振奮起來而煩惱的人，我想對他說，捨棄「應該做」、「一定要做」的想法，跟隨心裡「我想做」的念頭就對了。如果找不到想做的事情，請珍惜「如果……就好了」的想法。

BANUL 的理念宗旨是「注入新的生命」。

不僅要對物品注入新生命，也要對人賦予新生命。

我們當然要用雙手，加上審美觀與創意讓廢棄品重生。同時，也希望能為陷入低潮、煩憂不已的人們帶來歡樂與活力。將這些理念總合起來，就是「注入新的生命」。

在持續實踐這個理念當中，我察覺到一件很重要的事。

在準備BANUL的「注入新生命」的活動過程，不知不覺自己也被注入了新的生命。整個人越來越有活力，笑容也變多了，結了更多善緣，夢想也逐一實現。

BANUL想透過周年慶活動向顧客致謝，於是規劃了一連串的活動。每次活動人數都有增加的趨勢，現場總是水洩不通，人數總是逼近千人參加。也有同業會到場觀摩。

因「我希望聚光燈能多照在一直以來為資源回收工作而努力的同仁夥伴們」的想法，而讓我有了開店念頭的朋友們，我希望慢慢將你們的夢想付諸實現。

懂得分送歡樂，就能聚集到人；肯為人加油，自己同樣也能得到鼓勵。如此美好的連鎖效應迄今依舊持續著。

後記／一切都是有關聯的

在二〇一六年開幕的BANUL，工作人員全是被這間店吸引而主動來應徵。當贊同本店理念而想跳槽來工作的人來應徵工作時，一開始我是予以婉拒。當時我還沒有做好心理準備，我沒辦法徵人，讓人在這間不知未來如何的店裡工作。可是，因為他們誠意拳拳，一心想在這裡工作，所以就答應他們，成為工作夥伴。

於是，共事夥伴日益增多，只能用「開心」來形容內心的喜悅。

我希望為大家營造歡樂的職場環境。人在開心的時候，就是擁有最佳表現的時刻。從我過往的經驗中，我深諳這個道理。

在徵人時，我並沒有進行人事審查，我雇人的唯一條件就是仔細觀察對方是否有愉快的工作？是不是樂在其中？

我的目標就是為 BANUL 與和愛集團的同仁們打造一個可以讓他們追求夢想、深化人生價值、和樂共事、互相扶助的職場環境。雖然不能發展為大企業，但我相信一定能建立一個歡樂的大家族。不過，這樣的環境正是為了能在未來時代生存下來的必備條件。

一直以來我邂逅過許多人，也學到許多東西，這些人影響了我，也給予許多援助，我才能走到今天。

這一次我想將我從大家身上得到的東西，傳送給環繞在我身邊的朋友。我認為，現在時候到了。

在聖托里尼島巧遇的艾菲女士現在住在倫敦，從事生活指導員的工作。我們只有偶爾會聯絡，但想不到到了二〇二〇年，彼此突然都有「想一起闖盪事業」的熱烈想法，於是成立了線上講座。她在倫敦，我在日本，透過線上視訊舉辦講座。

距我們第一次在聖托里尼島相遇，已經過了十年。
與艾菲女士的相遇，我認為是冥冥當中有什麼在指引的奇妙緣分；可是，現在卻憑著兩人的意志想闖出一番事業，想為這個世界做點事。
我繼承了德蕾莎媽媽的遺願，繼續柬埔寨的慈善活動，連我的公司也被招攬進來，一起當志工。
每年去柬埔寨探望孩子們，看見他們閃亮的雙眸，就會在心裡告訴自己，還要更加努力。
客人委託回收的物品中，多數還是屬於廢棄品，可是，有的是客人捨不得而邊哭邊丟棄的物品，有的是充滿客人回憶的物品。
也有客人不想丟掉東西，也不收錢，希望我們把他的東西送給需要的人再使用。
我很珍惜客人的這份情懷，今後希望透過資源回收事業，減少廢棄物數量，我想永遠記住這個心願。

我每天都很熱情地思考著，這次的事業成功後，接下來我要跟夥伴們再創立什麼事業呢？

這種心境就像在計畫下一次要去哪個國家旅遊一樣的興奮。

行程事先安排好的旅遊是一點樂趣也沒有，無法體會到旅行的醍醐味。

旅行之所以會讓人覺得振奮、期待，是因為我們不曉得在旅途中會發生什麼事，會跟誰偶遇。

旅遊人生搞不好是我最大的人生夢想。

結語

二〇二〇年，新冠肺炎蔓延全球。全世界陷入恐慌中，各國都處於緊急狀態，到現在這個疫情還沒有結束，許多人無法回歸以前的正常生活。

見不到想見的人、想上學卻去不了、要工作賺錢也不行……每天都在跟看不見的敵人戰鬥，很多人的生活陷入困境。

當然，我也有許多事情陷入僵局，原本預約要完成的工作也紛紛被取消。店鋪也只能暫時休業。預定的生意約訪和演講也無限延期。

度過這次的危機後，我會成為什麼樣的人呢？我思考著這個問題。

六年前，我因客戶不履約，面臨極大困境，希望這次也能跟六年前一樣，將危機變轉機，讓自己更加成長。

可是，這次的危機是前所未見，因為不曾經歷過，所以充滿不安。總之重點就是要擬定完善的新冠肺炎因應對策，守護所有同伴，更換各部門的營業方法。由於無法親身接待客人，洽談和會議全部換成線上進行，旺夫講座也有部分改成線上講座。

不過，也因此有了空閒時間，我想把時間用來思考未來，我已經許久沒有靜下心來勾勒未來，這次終於可以好好思索。

以前我會先決定好目標，然後再從目標反推，思考出實現方法，再付諸行動，一直以來我過的就是所謂「目標達成型」人生。

可是，不曉得從什麼時候開始，我加了「把眼前的事做好就對了」的原則，未來的人生就交託給神，轉型為「盡人事、聽天命」的人生。

自從我如此轉念後，就不常擬定目標或目標達成的期限。

我並不是要勸導各位過著「盡人事、聽天命」的人生，可是，這樣的人生有著目標達成型人生無法體會到的樂趣。因為未來不可測，有一天你會遇見現今的你無法想像的未來，想到這裡就會充滿期待與好奇，而且會體悟到更多的成長與感動。

相信不知何時會降臨的天命和自己的生活方式，其實充滿不安、惶恐與擔憂，一點都不輕鬆。如果你沒有做好接受一切的心理準備，是辦不到的。可是，對於喜歡沒有事先安排、完全憑當下的邂逅和心情來決定下一個旅站之「旅」的我而言，這樣的人生很適合我。

當我在思考未來時，從以前就存在腦海中、要當電視節目《Another Sky》來賓的夢想不斷浮現。

為什麼我想當《Another Sky》的來賓？我想呈現什麼樣的表演？

我想透過電視讓大家知道，像我這種平凡人，遇到困難時不逃避、勇敢面對且不斷往前進，一樣能擁有精采豐富的人生。我想傳達夢想和希望給更多的人，尤其是國小、國中的學生，也就是未來的年輕人。

為了完成這個夢想，現在是否該做點事呢？

我已經很久未對夢想擬定達成期限，為了實現夢想，我在紙上寫了「二〇二二年十一月十一日我要成為《Another Sky》的來賓！」

然後決定在公司會議上宣布這個消息，想到這裡，內心就興奮不已。

接下來我要為哪天會出版的自傳做準備，也想把過去經歷的故事寫下來，盡情利用因新冠肺炎疫情多出來的居家時間，開始用 iPhone 寫東西。

如果出書了，版面要如何設計呢？為了這個問題，我重拾過去看過的書，一一重讀。於是，我與其中一本書得以重逢。

這本書是《招來好運的魔法語言》（《ツキを呼ぶ魔法の言葉》），作者是五日市剛先生，十五年前這本書很紅，當時可說是人手一本。我討厭看來書，因為這本書薄薄的，閱讀起來很輕鬆愉快，書的內容是五日市剛先生的演講內容總整理。

我拿起這本睽違許久的書看。我很喜歡書中主角在以色列旅行時，因遇見的那位老奶奶的兩句話，而扭轉人生的故事。我一讀再讀，每次都覺得很有趣，百讀不厭。

這次我再重讀，察覺到一件事。怎麼跟我的故事很像……。我也是因為在希臘邂逅某位女性，因她的話扭轉了我的人生。

於是，我有了相同的想法。我熱切希望要跟五日市剛先生一樣，把自己的人生經歷寫成書，所以我就把這本書放進包包裡，只要有空就會拿出來看。

有一天，某位朋友來電。這位朋友原本是搞笑藝人，經常在國內外表演，人生閱歷相當豐富，現在於東京經營婚活學校（譯註：相當於婚友社）。大家叫他「童貞先生」，就是獲得許多無女人緣的男性讀者青睞的書籍《童貞的勝算》（《童貞の勝算》）作者——川瀨智廣先生。

現在大家的士氣都很低迷，面對這樣的局勢，我們兩人都有想幫大家加油打氣的願想，決定一起製作 YouTube 直播影片，為這個世界注入正面能量。我們通話後過幾天，就發布了我們兩人線上聊天的影片，並命名為「旺夫×童貞」。

因為這次的機緣，童貞先生說要為我引薦出版社社長，當時我獲悉這個訊息，開心地跳起來。

他安排我與評言社安田社長聯繫，社長要我帶旺夫講座的企畫書給他，還要跟我商討事宜，所以我立刻動身前往東京。那時候我心裡想，如果旺夫講座能出書，說不定也能出版我的自傳。就這樣帶著興奮與忐忑交雜的心情，來到了出版社。

見面後社長說：「在說明旺夫講座之前，我想知道關於您的故事。」於是，就從現在的工作談起。

為什麼會從事資源回收業？

為什麼會有負債？

為什麼要買賓士車？

為什麼想成為舞者？

為什麼……

隨著社長的提問，我不斷地回顧過去。

我說了一個人環遊世界時挖紅寶石的故事，還有在聖托里尼島發生的事，也告訴社長關於快樂套餐、一盤咖哩飯等在我人生中永遠忘不了的故事，當時足足說了兩個小時。

我也提到最近的事。

因新冠肺炎疫情影響，決定為夢想訂下達成的期限，為了日後出書開始記錄人生經歷時，有機會再重新閱讀十五年前就看過的五日市剛先生的書《招來好運的魔法語言》。

我從包包取出那本書，遞給安田社長。

社長的表情略顯驚訝。

「若山先生，您知道這本書？還隨身攜帶？」

我不曉得發生什麼事。我只是因為包包裡放了這本書，順帶一提而已。

「其實，我以前曾跟五日市先生一起共事過。你今天帶了這本書來，真的是太巧合了。」

想不到這次是透過五日市先生作品的牽線，讓我與評言社結緣。當時風行全國，我也有在用的五日市先生的《招來好運的魔法手帳》（《ツキを呼ぶ魔法の手帳》）就是評言社出版的。

後來，我聽到更驚人的消息。

「好，就這麼決定了，這次要將你剛剛跟我說的你的人生經歷，寫成書出版。」

什麼？我完全無法隱藏內心的驚喜。

原本是為了提交旺夫講座的企畫書，才來東京。想不到現在情況逆轉，出版人生故事書的夢想竟然實現了！

我當然沒有理由拒絕。應該說，沒有比這個更幸運的事了。

「請您一定要幫忙！」

完全沒有想到事情會這樣發展，出書的目標達成了。

我的天生特質就是，不論發生任何事，上天絕對不會讓事情就這樣過去就算了（笑），這次因為新冠肺炎疫情之故，讓我的人生又有了新的進展。

二十年前，CoCo 壹番屋的社長拯救貧困的我；十年前，有幸和社長見上一面，當時他鼓勵我：「你要把你的故事寫成書！而且書名也有了！就叫作《一盤咖哩飯》！就由你來撰寫二十一世紀版的《一碗湯麵》。」

過了十年，這件事終於實現，只是大家拿到這本書時，書名將會不一樣（笑）。

無論如何，夢想終究還是實現了。

託與我結緣的每個人之福，我才能出版這本書。為我牽起評言社這個緣分的川瀨智廣先生、對我的故事感興趣的評言社安田喜根社長及員工們，我由衷感謝您們。非常了解我、而且無怨無悔，一起為公司發展給予支持的和愛集團所有同仁、經常給我加油打氣、讓我有信心的朋友們、本書提到讓我能夠扭轉人生的每位恩師，因為篇幅有限，無法在此寫出每個人的名字，我是因為有您們的勉勵，本書才能夠出版問世。

我想藉此場合，向在我人生中所有邂逅過的人，即使只是短暫緣分，致上我最高謝意。

充分信任我，全力支持我的愛妻，謝謝妳與我相遇，並願意嫁給我；總是讓我充滿夢想與希望的親愛兒子、總是用甜美笑容療癒我心靈的寶貝女兒，謝謝你們來到這個世上；我最愛的家人、我的雙親和岳父母，以及兄弟姊妹們，還有庇蔭著我們的祖先，在此藉由此書，致上我誠摯的感謝。

我也非常感謝購買本書，並閱讀到最後的各位。如果這本書能讓許多人（尤其是年輕人）擁有夢想與希望，並願意去實現的話，我將會感到非常榮幸與開心。

祈願各位與我一起全力展開人生這一趟美妙之旅。

也希望各位珍惜並享受未來旅途中會遇到的每一場邂逅。如果你發現了那個人，請輕聲呼喚他。

關於我人生之旅的續集，請期待二〇二二年十一月十一日上映的節目《Another Sky》。

願各位的人生充滿好運！

若山陽一郎

回收人生，甘啦！

垃圾中撿拾夢想，咖哩飯改變人生。想不到一無是處的我也能成為集團社長！

作　　者／若山陽一郎
譯　　者／黃瓊仙
主　　編／林巧涵
責任企劃／倪瑞廷
美術設計／白馥萌
內頁排版／唯翔工作室

第五編輯部總監／梁芳春
董事長／趙政岷
出版者／時報文化出版企業股份有限公司
108019臺北市和平西路三段240號7樓
發行專線／（02）2306-6842
讀者服務專線／0800-231-705、（02）2304-7103
讀者服務傳真／（02）2304-6858
郵撥／1934-4724 時報文化出版公司
信箱／10899 臺北華江橋郵局第99信箱
時報悅讀網／www.readingtimes.com.tw
電子郵件信箱／books@readingtimes.com.tw
法律顧問／理律法律事務所　陳長文律師、李念祖律師
印　　刷／勁達印刷有限公司
初版一刷／2021年8月27日
定　　價／新台幣350元

ISBN 978-957-13-9249-3 ｜Printed in Taiwan

時報文化出版公司成立於一九七五年，並於一九九九年股票上櫃公開發行，
於二〇〇八年脫離中時集團非屬旺中，以「尊重智慧與創意的文化事業」為信念。

回收人生，甘啦！垃圾中撿拾夢想，咖哩飯改變人生。想不到一無是處的我也能成為集團社長！
若山陽一郎作；黃瓊仙譯. -- 初版. -- 臺北市：時報文化出版企業股份有限公司, 2021.08
譯自：ラッキーマン：何者でもない僕が、何者かになる物語 ISBN 978-957-13-9249-3（平裝）
1.若山陽一郎 2. 傳記 3. 日本 783.18 110011646

LUCKY MAN NANIMONODEMONA I BOKU GA NANIMONOKANO MONOGATARI